Ernst Röhl

Rat der Spötter

Ernst Röhl

Rat der Spötter

Das Kabarett des Peter Sodann

Gustav Kiepenheuer Verlag

Mit 22 Abbildungen

Menschen, die etwas getan haben, dessen sie sich schämen oder schämen sollten, nehmen für sich gern in Anspruch, sie hätten es aus Pflichtgefühl getan. Einige Namen handelnder Personen dieses Buches, auf die das zutrifft, sind – aus christlicher Nächstenliebe – geändert und mit einem Sternchen * gekennzeichnet.

ISBN 3-378-01062-2

1. Auflage 2002

Einbandgestaltung gold, Kai Dieterich / Anke Fesel
Druck und Binden GGP Media, Pößneck
Printed in Germany

www.gustav-kiepenheuer-verlag.de

In manchen Ländern sind Satiriker überflüssig;
die Regierung macht sich selbst lächerlich.

Alexander Roda Roda

1
Marburg

Die Stimmung im Bus ist prächtig. Musik liegt in der Luft, thüringische Volksmusik. Wir knödeln und tremolieren das Herbert-Roth-Repertoire hoch und wieder runter: »Köhlerliesl, Köhlerliesl, du bist so jung, du bist so schön ... Kleines Haus am Wald, morgen komm ich bald, wenn alle Glocken erklingen im Tal« ... Ein Inferno der Heimatliebe und gleich anschließend unsere Parodie darauf: »Kleiner Bagger, du läßt mir keine Ruh, mein kleines Herz schlägt für die Produktion, mich packt wildes Weh, schau ich in die Höh' auf deine rostfreie Stahlkonstruktion ...«

Kunst ist Waffe, Volkskunst Geheimwaffe.

Als Kontrastprogramm für Intellektuelle schieben wir auch mal einen dekadenten Song unseres Texters Hugo dazwischen: »Im Leben konnte ich nur einem einz'gen Freund vertrau'n, das war der Henker von Hillybilly Town ...«

Es ist Montag, der 5. Juni 1961.

Wir fahren nach Deutschland hinüber, nach Marburg an der Lahn. Zum ersten öffentlichen Auftritt eines Kabaretts aus der DDR vor westdeutschem Publikum. Dieser Auftritt ist, deutschlandpolitisch gesehen, lange fällig, und daß ausgerechnet wir Amateure vom »Rat der Spötter« die Vorreiter sind, wundert uns ... überhaupt nicht. So stark wie unser Programm ist unser Selbstbewußtsein allemal.

Fünfzehn aufgekratzte jugendliche Kleinkünstler in einem westwärts rollenden hellblauen Autobus mit der Aufschrift »Reisebüro Leipzig«. Dazu drei von der Parteileitung der Universität fürsorglich nominierte Begleitpersonen, von denen einer schwer an seiner Würde als Parteigruppenorganisator trägt. Sie, so sagen sie, wären nicht nur unsere Betreuer, sondern mehr noch Kenner und Bewunderer unserer Kunst. Zurückhaltend, höflich und bescheiden stellen sie sich mit dem ganzen Charme, der Jugendfunktionären im höheren Lebensalter zu Gebote steht, vor. »Freundschaft, ich bin der Georg!«

Die Stimmung im Bus könnte nicht besser sein. Ein Scherz jagt denselben. Mit großer Reiseführergebärde weist Schnafte hinaus in die grünende Flur, die links und rechts der Autobahn hinter uns zurückbleibt – die bröckelnden Ruinen der »drei Gleichen«, der Inselsberg. Schnafte ist eine auffallende Erscheinung und sieht mit seiner hervorragenden Nase angenehm nach Ringelnatz aus. »Seht mal an, was aus uns so geworden ist«, jubelt Schnafte, »Thüringen – früher nur das grüne Herz Deutschlands, heute schon der Arsch der Welt.«

Da muß auch der Georg lachen.

Da lacht sogar die liebe Sonne.

Nur Sodann verzieht schmerzlich das Gesicht. Er ist der Kabarettleiter. Er trägt die Verantwortung, und zwar ganz besonders für Schnafte; dessen Scherze nicht jedermanns Geschmack sind.

Es ist ein Frühling hell und klar, ein Frühling – wirklich wunderbar. Und wir sind die Spötter, wer ist mehr! Mit achtzig Sachen nähern wir uns der Staatsgrenze West. Dem Eisernen Vorhang. Ein kleiner Wink, und er wird sich heben.

Für uns.

Für die Unwiderstehlichen aus Leipzig.

Die Stimmung im Bus ist reichlich überdreht. Gespräche, wie sie sonst unter uns üblich sind, über Gott und die Welt, über Ulbricht und Adenauer – Unklarheiten frei von der Leber weg, all das verkneifen wir uns heute, um die mitreisenden, hellhörigen Gäste nicht politisch zu kränken. Statt dessen beleben wir die Konversation mit Gags der milderen Sorte. Warum ist die Banane krumm? Na, warum wohl! Damit sie um die DDR einen Bogen machen kann.

Diese Späße sollen ebenso wie unser volkstümliches Chorkonzert vor allem die eigenen Nerven beruhigen. Führende Genossen der Karl-Marx-Universität haben uns in Pflichtseminaren auf die bevorstehende Bewährungsprobe vorbereitet. Sie haben uns das Wichtigste eingeschärft: Wenn man dem Gegner ein Ohr leiht, Jugendfreunde, nimmt er gleich den ganzen Kopf!

Tatsächlich sieht es danach aus, als wären die Kommilitonen da drüben an der Philipps-Universität nicht sonderlich fein. Erst vor einem halben Jahr hatte der Volkskammerpräsident Johannes Dieckmann, eingeladen vom Liberalen Studentenbund, versucht, im Kurhaus Marbach eine Rede über die realen Möglichkeiten der deutschen Wiedervereinigung zu halten. Jedoch hatten ihn stimmgewaltige Korpsstudenten sozusagen von der Bühne gebrüllt: »Dieckmann raus, hängt ihn auf!« Als es nach Gefahr für Leib und Leben ausgesehen hatte, griff schließlich die Polizei ein, und der Redner aus der Zone war im Morgengrauen gegen fünf aus dem gastlichen Marburg geflüchtet.

All das aber hindert Klaus Horn, einen vierundzwanzigjährigen Jungliberalen, und seine Freunde nicht daran, während der Leipziger Frühjahrsmesse 1961 eine Vorstellung bei uns im *Spötterkeller* zu besuchen und im Anschluß daran unsere Truppe nach Marburg einzuladen.

Nichts hören wir lieber als das, bleiben zunächst jedoch auf dem Teppich. Wir sind studierte DDR-Bürger. Daß die zuständigen Staatsorgane einem Studentenkabarett die Genehmigung erteilen, im Westen aufzutreten, ist bis dahin etwas Unvorstellbares, geradezu Außerirdisches. Doch dann teilt uns die Karl-Marx-Universität mit, daß die Reise genehmigt sei. Wir fahren nach Marburg!

Das Gastspiel des »Rates der Spötter« sollte ursprünglich im Kino *Metro* stattfinden, doch der Inhaber, heißt es, hätte kalte Füße gekriegt. Er stehe der Filmkunst nah, der Politik aber eher fern und fürchte um sein Mobiliar, kurz, die vereinigten Veranstalter vom Liberalen und vom Sozialistischen Studentenbund sowie von der Burschenschaft »Germania« haben die Veranstaltung ins Marbacher Restaurant *Berggarten* verlegt – Eintrittskarten behalten ihre Gültigkeit.

Das *Berggarten* ist pikant gelegen, keine dreihundert Schritt vom Kurhaus entfernt, wo Dieckmann so schmählich scheiterte, und Dieckmann ist doch, verglichen mit uns oder gar mit dem sächsischen Mundartsprecher Walter Ulbricht, ein Demosthenes an Beredsamkeit. Der sächsische Dialekt übrigens gilt in der DDR dank Walter Ulbricht von vornherein als subversiv und, auf ulbrichtsche Weise gefistelt, in den Kreisen der Bühnensatiriker als politisches Risiko.

Wenn gerade keiner zuhört, übe selbst ich mit großem Fleiß, komme allerdings nicht weit, mein Sächsisch klingt immer bloß nach Meer. Ich bin Mecklenburger, und mehr als Mecklenburger, sagt der Mecklenburger, kann der Mensch gar nicht werden.

Meine sächsischen Freunde jedoch, Gomorrha, der Weinböhlaer, und HaEm, der Eutritzscher, sächseln so virtuos, daß es ihnen in den Rollen von »Mei Oddo« und »Mei Rischard« bei Stegreif-Dialogen gegen alle politischen Bedenken doch so nach und nach gelingt, sächsischen Wohlklang auf der sächsischen Kabarettbühne durchzusetzen.

»Mei Oddo« und »Mei Rischard« als Stammgäste einer Stehbierkneipe. Stehbierkneipen sind in Sachsen ungeheuer beliebt, weil der Alkohol hier das beste Gefälle hat. Der Anfang der Szene ist immer der gleiche: HaEm allein am Stehtisch. Dann erst erscheint Gomorrha und bringt jedesmal ein neues Requisit mit auf die Bühne, auf das der überraschte HaEm reagieren muß. Das Mitbringsel löst ein spontanes, nicht vorbereitetes Zwiegespräch aus. Eines Tages betritt Gomorrha die Bühne mit einem Kranz, den er bei Blumen-Hanisch am Karl-Marx-Platz gekauft hat.

Der ahnungslose Rischard: »Oi, mei Oddo, eener gestor'm?«

Mei Oddo: »Nee, wieso d'ne?«

Mei Rischard: »Mein herzlisches Beileid, mei Oddo!«

Doch Mei Oddo nimmt das Beileid nicht an. Ein langer kurvenreicher Dialog entspinnt sich. Es stellt sich raus, daß überhaupt keiner gestorben ist. Und der Kranz – für wen, wieso, warum?

Mei Oddo: »Es gab grade welsche!«

Eines Tages raunen gute Freunde uns zu, eine dieser Mei-Oddo-Pointen habe der RIAS sogar als Witz der Woche gesendet. Um diese Zeit übrigens planen Schnafte und ich unter Alkoholeinfluß die Gründung eines neuen Kabaretts mit dem Namen »Die Fistel«. Ein paar Titel für die ersten Programme haben wir schon: »Walter schützt die Torleut' nicht«, »Beim Barte des Proleten« oder »Wacht auf, Verdummte dieser Erde!«.

Werden »Mei Rischard« und »Mei Oddo« auch beim Publikum in Marburg Punkte sammeln, wird die sächsische Mundart, der kommunistische Dialekt schlechthin, der Dialekt der fünften Besatzungsmacht, die Marburger zum Lachen bringen? Was überhaupt mag uns blühen im Wirtshaus an der Lahn?

Wir sind zwar auch auf unangenehme Überraschungen gefaßt – vor allem aber sind wir von dieser Einladung aus dem Westen geschmeichelt. Man will uns also auch dort sehen und hören. Die Studenten im Osten mögen uns, darunter sehr, sehr attraktive Kommilitoninnen, von denen nicht wenige uns lieben und verehren. Und nun ergibt sich plötzlich und unerwartet die Gelegenheit, auch die Brüder und Schwestern in Marburg zu entflammen, und bald, weiß man es denn, nach einer wochenlangen Tournee, die ja vielleicht bald folgen könnte, ganz Deutschland von der Etsch bis an den Belt.

Jeder im Bus hängt so seinen Phantasien nach. Vieles, bisher Undenkbares könnte von einem Tag auf den anderen möglich werden; wenige Stunden zuvor haben in Wien John F. Kennedy und Nikita Chrustschow nützliche Gespräche geführt und, wie die Zeitungen berichten, die deutsche Frage als Ganzes behandelt. Die Kremlologen rätseln. Deutschland als Ganzes? Was bedeutet das? Friedensvertrag? Annäherung der beiden deutschen Staaten? Konföderation? Vielleicht am Ende gar die deutsche Einheit? Hat die Geschichte ausgerechnet unsere Spaßvogeltruppe mit der Rolle der Schwalbe besetzt, die den deutsch-deutschen Sommer machen könnte?

Zwei Jahre zuvor sind wir selbst leibhaftig in Wien aufgetreten, im neutralen Österreich, bei den Weltfestspielen der Jugend und Studenten. Wir sind mit dem Staatspreis für künstlerisches Volksschaffen gekrönt worden. Die Profis der Leipziger »Pfeffermühle« verlieren für uns ihre Unnahbarkeit und sind bald scharf darauf, mit uns in einem gemeinsamen Programm aufzutreten. Öfter als wir in der »Pfeffermühle« sind die Pfeffermüller bei uns im *Spötterkeller*. Der Berichterstatter der Universitätszeitung zitiert Edgar Külow: »Es hat mir außerordentlich gut gefallen, ein Einfall nach dem andern ...« Helga Hahnemann: »Die Atmosphäre hier unten im Keller ist unwahrscheinlich dufte ...«

Die Behörden der Universität schätzen uns als Träger »Goldener Aufbaunadeln«, seit wir am Nikolaikirchhof, dem Enthusiasmus und den ebenso hochfliegenden wie tiefgreifenden Plänen Sodanns folgend, in einem permanenten, sich über mehr als ein Jahr hinziehenden Subbotnik unser Kellertheater gebaut haben. Als wir denken, wir hätten es endlich geschafft, verbietet die Feuerwehr die Eröffnung und fordert einen zweiten Ausgang, wie es das Gesetz befiehlt.

Also, noch mal ran! Mit klirrenden Meißeln und schweren Hämmern, die Hände voller Schwielen, Blut und Wunden, knacken wir in wochenlanger Arbeit meterdicke Mauern. Zumeist stecken wir unsichtbar inmitten dichter, beißender Mörtelstaubwolken, eine fette Beute der Silikose, auch hier steht, wie es Brauch ist im Lande, der Mensch im Mittelpunkt, man hört ihn deutlich husten.

Aber die Spielstätte, die dabei entsteht, ist genau das, was wir brauchen. Alba, unser Finanzbeauftragter, schließt für Theatereinrichtung und Requisiten eine Versicherung über 40 000 Mark ab, und Rolf Herschel, unser Künstler, ritzt in die noch feuchte Putzschicht der Saalwand in Schwarz und Ocker einen von Mäandern geränderten Sgraffito-Fries mit Motiven der griechischen Götterwelt. Dort unten in den Katakomben, zwei Etagen unter den Radieschen, spielen wir seit Herbst 1960. Zeus und Nike, Ares und Poseidon, der komplette Rat der Götter blickt von Herschels Fries auf uns herab, die Erinnyen nicht zu vergessen. Sie speziell sollten uns zu denken geben, die Töchter der Finsternis, die Rächerinnen, die kein Auge zudrücken, wenn einer gegen Gesetz & Ordnung oder gegen die führende Rolle der Partei zu freveln sich untersteht. Der Mensch versuche die Götter nicht!

Allein schon durch unsere Spitznamen dürften wir den Göttern verdächtig sein. Es sind Namen, wie der schaudernde Bürger sie aus Kreisen der Kumpane und Komplizen, der Gauner und Spießgesellen kennt. Warum diese rätselhafte Hemmung, uns mit den ehrlichen, wohllautenden Namen anzureden, auf die unsere Mütter uns haben taufen lassen! Aber was gilt uns denn noch die Taufe! Die meisten haben sich längst, großschnauzig wie Prometheus, mit schriftlichen Erklärungen blasphemischen Inhalts aus dem Schoß der Kirche verabschiedet.

Schnafte heißt laut Personalausweis Peter Seidel; er hat meinen altväterlichen Vornamen zu Örnie anglisiert. Heinz-Martin Benecke wird nur mit HaEm angeredet, unser produktivster Texter Hubert Laitko ist Hugo, Hans-Gert Schubert ist Mäcki, Heiko Rämisch ist Römisch, Manfred Albani ist Alba, Elfriede Ewald hat sich bei irgendeiner längst vergessenen Gelegenheit den bayerischen Kosenamen Madl erkämpft. Nur unser Grafiker Rolf Herschel ist für alle Rolf. Und Hartmut Hommel, allgemein bewundertes Organisationstalent, ist Hommel. Peter Sodann schließlich, der Leithammel mit der starken Schwäche für Anarchie und vorauseilenden Ungehorsam, hat seinen Namen aus der Bibel: Gomorrha. Hugo besingt ihn, am Flügel von unserem Pianisten Franz R.* unterstützt, in einem eigenhändig komponierten Tango:

In der Hand zwei rauchende Pistolen,
auf den Lippen einen gräßlichen Fluch –
so geht er des Sheriffs Geldschrank holen
und schlägt alles, was sich wehrt, zu Bruch.
Von Alaska bis San Remo
nennt man angstvoll seinen Namen und zittert.

Rastlos jagt er um den Erdball
und packt zu, wo er Scheckbücher wittert.
Schwarzer Gomorrha,
du lebst so gefährlich und weißt doch so wenig, was Liebe ist.
Schwarzer Gomorrha,
das Schönste im Leben versäumst du, so lange, bis du mich
küßt.
Deine Küsse müssen heiß sein, wie ein tödlicher Schuß aus
deinem Colt,
eine Liebesnacht ist schöner als ein lockender Tresor
voll Gold.
Schwarzer Gomorrha,
du kennst keine Ruhe im Kampf mit der Kripo als
Gangsterstar.
Schwarzer Gomorrha,
in meiner Mansarde vergißt du die Welt voll Gefahr ... olé!

Tango elastico, Tango bombastico, Tango total! Diesen Schmachtfetzen im Zweivierteltakt zelebriert Hugo in letzter Zeit nur noch selten. Er hat sein Philosophiestudium abgeschlossen und eine Assistentenstelle an der Berliner Humbug-Universität angetreten, in Berlin allerdings mit Altspötter Jochen Petersdorf, ohne Zeit zu verlieren, das Studentenkabarett »Spottland Yard« gegründet. Einmal Spötter, immer Spötter. Die Welt ist nun mal komisch, einigermaßen erkennbar und durchschaubar wird sie nur durch satirische Verzerrung.

Unsere Kabarettphilosophie läßt sich mit einer Werner-Finck-Pointe aus dem Jahre 1935 treffend beschreiben. Finck ist mitten in seiner Conférence, da verlischt plötzlich das Licht im Saal. Das überraschte Publikum vermutet einen technischen Defekt. Aus den Kulissen fragt der ratlose Techniker: »Wat is'n los, Herr Finck?« Finck knipst eine Taschenlampe an, stolpert minutenlang durch die Reihen, leuchtet prüfend in jedes Gesicht und stellt seine Diagnose: »An den Leuten liegt's nicht, es muß an der Leitung liegen!«

Kurzer Rückblick: Am 7. Oktober 1959, dem zehnten Jahrestag der DDR, marschiert auch der »Rat der Spötter« im Demonstrationszug an der Tribüne vorbei. Fröhlich winkt der Leipziger Partei-Bezirkssekretär Fröhlich unserem Volkskunstkollektiv oder doch wenigstens unseren anmutigen Kabarettistinnen Susanne und Helene zu. Dekorativ haben wir sie auf einem Thespiskarren plaziert, der zudem von Spruchbändern verziert ist. Rechts, der Tribüne zugewandt, weithin lesbar der Spruch: *10 Jahre DDR!* Links die Pointe: *10 Jahre Satire!*

Selbsternannte, von Tribünen huldvoll winkende Autoritäten üben keinerlei Zauber auf uns aus. Schon 1958, bei der Volkskammerwahl, hatten wir die angeordneten Propaganda-Sprüche auf unsere Weise beantwortet. Statt der von Agit-Poeten ersonnenen Texte wie:

> Die Universität packt mit an
> beim Kampf um den Siebenjahrplan

Oder:

> Wir fahren nicht mehr im alten Gleise
> wir studieren auf sozialistische Weise!

Oder:

> Den Militaristen aus den Klauen
> muß man die atomaren Waffen hauen!

Oder auch:

> Des Morgens, wenn die Hähne krähn
> ist gute Zeit zur Wahl zu gehn!

amüsieren wir die Passanten mit selbstgefertigten Parolen à la:

> Reißt aus dem Lotterbett die Vettel
> und reicht ihr einen Abstimmzettel!

Oder:

> Jesus ging nach Golgatha
> doch zuvor gab er sein JA!

Nach dieser Volkswahl im Oktober '58 verlieren wir unsere Kabarettistin Constanze. Zwar ist sie, wie gewünscht, an die Urne getreten und hat auch treu die Kandidaten der Nationalen Front angekreuzt – allerdings im Schutz der Wahlkabine! Obwohl sie doch – als Genossin! – Vorbild sein müßte. Vor aller Augen soll sie wählen, offen und ehrlich, denn vor Freunden haben wir keine Geheimnisse. Die Kandidaten der Nationalen Front gewinnen die Wahl mit überwältigender Mehrheit, doch Constanze muß ihre Mitgliedschaft beim »Rat der Spötter« aufgeben und darf am Ende froh sein, daß sie nicht außerdem noch exmatrikuliert wird.

Und jetzt, im Sommer '61, sind die Bräuche im Arbeiter-und-Bauern-Staat kaum weniger streng. Politische Bigotterie, Fahnenschwenken und das hohle Pathos der Agitprop-Kunst stehen in der Kulturpolitik hoch im Kurs. Von Zeit zu Zeit erheitern wir uns gegenseitig, indem wir Szenen der Gruppe »Kolonne links« vom Reichsbahn-Ausbesserungswerk Schwerin nachspielen. Die »Kolonne links« heißt in Spötterkreisen »Kolonne linksaußen«, weil die betagten Schweriner Agitpropkünstler am liebsten »vergilbte Texte« aus der Zeit der Weltwirtschaftskrise nachspielen, die damals politisch richtig waren und daher jetzt politisch nicht falsch sein können. In schwarzen Hemden und schwarzen Pantalons, aus denen die Bäuchlein keck hervorquellen, stellen sie sich zum Kranichpfeil auf. Kämpferisch recken sie die Fäuste und schleudern den zufällig abwesenden kapitalistischen Peinigern ihre Anklage entgegen: Hunger! Hunger!! Uns dagegen geht es nicht um eine ferne, klassenkämpferisch verklärte Kampfzeit alter Kämpfer, sondern um aktuelle Politik.

In dem Punkt sind wir einig, und nicht ohne jugendliche Romantik empfinden wir uns als verschworene Gemeinschaft – einer für alle, alle für einen. Daß die Behörden der Universität einen wie Schnafte überhaupt zum Gastspiel in Marburg zugelassen haben, verdankt er der Gruppensolidarität. Wie HaEm und ich, wie Alba und seine Freundin Madl ist Schnafte Student der Fakultät für Journalistik, die der Volksmund »Rotes Kloster« nennt. Zu Recht, soweit es die Reinheit des Dogmas betrifft, zu Unrecht in bezug auf die Kapriolen der Libido. Im »Roten Kloster« werden in Vorlesungen und Seminaren herzlich dünne Bretter gebohrt. Im Unterschied zu uns aber mangelt es Schnafte Seidel leider an List und Tücke, an Studiendisziplin und Respekt gegenüber den Kadern des Lehrkörpers. Mehrfach schon haben die guten Genossen seiner Seminargruppe ihn kritisieren müssen, weil er Vorlesungen mißbraucht, um Zeitung zu lesen, die sozialistische Presse, wohlverstanden. Kein Mensch glaubt, daß ihm diese Lektüre geistigen Genuß bereiten könne, folglich kann es sich nur um eine Provokation handeln! Schnaftes Kritiker stellen die Frage scharf: Darf so einer rüber in den Westen, und sei es auch zum Zwecke des künstlerischen Klassenkampfs? Diese Frage verneinen die wachsamen Leitungsorgane der Karl-Marx-Universität.

Wer darf in den Westen? Nur die Besten!

Peter Sodann gibt die einzig denkbare Parole aus: Wenn Schnafte zu Hause bleiben muß, fährt gar keiner! Gegenstimmen? Natürlich nicht.

Nach kurzem Aufenthalt passiert unser blauer Bus den Grenzübergang Herleshausen. Auf der Autobahn begegnen uns Lastwagenkolonnen der US-Armee; GIs, von der Aufschrift *Reisebüro Leipzig* alarmiert, blicken zu uns herüber, einige, wie es scheint, ziemlich hochnäsig, als wären sie die Sieger der Geschichte und nicht die verbündeten Armeen des Warschauer Pakts.

Der Bus rollt hinab ins Tal der Lahn, und in Marburg stehen unsere Gastgeber vom Convent für gesamtdeutsche Arbeit zur Begrüßung bereit. Sie halten uns ein Exemplar der Oberhessischen Presse unter die Nase und sind stolz darauf, daß dieses konservative Blatt unser Gastspiel überhaupt erwähnt, wenn auch nur in der Rubrik »Heute in Marburg«: »Rat der Spötter«, Leipziger Studentenkabarett, 20.15 Uhr, Berggarten, Marbach.

Bei einem ersten Umtrunk mit ein wenig Bier gestehen uns unsere Gastgeber, daß es seit Wochen Zank und Streit um Einladung oder Ausladung des Kabaretts aus dem Osten gebe.

Die Kontakte in die DDR, so Wortführer Klaus Horn, würden heftig angefeindet und der gesamtdeutsche Convent innerhalb seiner Partei sogar als fünfte Kolonne der SED betrachtet. Politische Tugendwächter bis hinauf ins Bundesverfassungsgericht halten den bundesdeutschen Staatsbürger offenbar für so unmündig, daß sie glauben, ihn vor jeder direkten Begegnung mit Leuten aus der Zone bewahren zu müssen. Dies aber sei eine nicht hinnehmbare Einschränkung der Meinungsfreiheit; zur Freiheit der Meinungsbildung gehöre, daß jede Gelegenheit genutzt werden müsse, aus eigener Anschauung und im Dialog zu erfahren, was drüben gedacht, getan und wie dort Propaganda gemacht werde. Die Marburger Gesamtdeutschen hätten die Einladung an den »Rat der Spötter« standhaft aufrechterhalten und nun den Erfolg, daß alle drei Vorstellungen restlos ausverkauft seien.

Da hellen sich unsere Mienen auf. Allerdings, so Horn, müsse damit gerechnet werden, daß die Herrschaften vom Ring Christlich-Demokratischer Studenten (RCDS) und die Ewiggestrigen von einigen Verbindungen versuchen könnten, die Vorstellungen zu stören: Davon aber sollten wir uns um Himmels willen nicht beeindrucken lassen, so was sei im Westen normal; viel Feind, viel Ehr'.

Na, das kann ja heiter werden. Natürlich tun wir so, als wären uns diese dramatischen Aussichten gerade recht. Mir jedoch sieht Freund Herschel die Nervosität ganz deutlich an. »Örnie«, sagt Rolf, »mach erst in die Hose, wenn du wirklich mußt!« Er hat gut reden, er ist bloß der Grafiker und muß nicht mit raus auf die Bühne. Andererseits, was soll schon groß passieren! Die Burschenschaft Germania, eine schlagende Verbindung mit ruhmreicher schwarz-weiß-roter Couleur, wird den Saalschutz übernehmen. Die Polizei wird sichtbar, der Verfassungsschutz unsichtbar anwesend sein.

Also, frisch ans Werk, Gepäck ausladen! Alba und Hommel, unsere Organisatoren, hatten noch nie so viele Helfer wie heute. Unsere Begleitpersonen, verdienstvolle Wissenschaftler, auch der Parteigruppenorganisator, sind sich für

Bühnenarbeitertätigkeiten nicht zu schade. Sie sind aus der Arbeiterklasse hervorgegangen und schleppen bereitwillig, von Alba und Hommel dirigiert, im Schweiße ihres Angesichts Scheinwerfer, Vorhänge, Vorhanggestänge und Requisitenkoffer hinter die Bühne.

Skeptisch prüft Franz R., unser Pianist, das Klavier. Er kennt bessere Klaviere. Ein letztes Mal gehen wir das Programm durch. Sollten wir es aus taktischen Gründen vielleicht doch ein bißchen abrüsten und entschärfen? Die eine oder andere Westszene streichen? Oder wenigstens die eine oder andere Pointe? Sodann entscheidet: Wir streichen unseren Kleinmut und sonst gar nichts! Wir werden Szene für Szene genau so spielen wie bei uns im heimischen *Spötterkeller.*

Mit gehörigem Lampenfieber beginnen wir um 20 Uhr c. t. vor zweihundertfünfzig Zuschauern unser Programm »Odyssee/von Humor«. Zwei Herren auf der Bühne:

A: Wer sind Sie denn?

B: Raten Sie mal!

A: Ich tippe auf ... Globke!

B: Wie komm' Se denn grade auf den?

A: Weil Sie immer noch frei rumlaufen.

Gelächter.

Applaus.

Buh-Rufe aus den Reihen unserer Gegner.

In einem Quodlibet attackieren wir die Politik der Sozialdemokraten:

> Wir ham den Mut in Godesberg verloren.
> Ruft die Regierung, ist der Wehner da.
> Wie die Kollegen mit den langen Ohren,
> sagt Erler untertänigst sein I A ...

Daß wir Herbert Wehner und Fritz Erler satirisch reizen, nicht aber proporzgemäß auch Walter Ulbricht, stört ein paar Opponenten in der schwarzen Ecke. Dennoch stellt der Kontakt mit dem Publikum sich allmählich her.

Wo bleiben die Störungen?

Gomorrha steht solo auf der Bühne und singt von den Nöten eines Knaben in der Pubertät. Plötzlich lachen Zuschauer, allerdings an der falschen Stelle. Gomorrha kann sich diese Reaktion nicht erklären, blickt sich verstohlen um und sieht zu seinem maßlosen Erstaunen eine weiße Maus über die Bühne huschen, die gar nicht bezahlt hat. Auch im Zuschauerraum wuseln dutzendweis weiße Mäuse zwischen den Stuhlbeinen herum.

Panik bricht aus.

Kommilitoninnen, Mädchen, Damen, Frauen – alles was einigermaßen weiblichen Geschlechts ist, springt auf die Stühle. So groß wird der Tumult und das Geschrei so laut, daß an Weiterspielen gar nicht zu denken ist.

Gomorrha hat eine kräftige, geschulte Schauspielerstimme, nur darum gelingt es ihm überhaupt, den Lärm zu übertönen. Er dankt den anonymen Störenfrieden für die willkommene Unterbrechung: An dieser Stelle, meine Herren, wollten wir sowieso unsere Pause machen!

Nun sind wir am Zuge. Von Pause kann unter diesen Umständen allerdings keine Rede sein. In Windeseile müssen wir uns eine Revanche einfallen lassen. Nach allen Seiten, nach unten und oben ängstlich witternd, tappt Franz R. eine Viertelstunde später wieder hinaus vor den Vorhang. Er trägt einen Stahlhelm. Vorsichtshalber! Möglich, daß der Einsatz der Marburger Kampfmäuse erst das Vorspiel gewesen ist. Wie lebensgefährlich erst wird das Nachspiel ausfallen?! Franz R. setzt sich ans Klavier und eröffnet die zweite Halbzeit mit der jazzigen Version einer guten, alten Polka: »Hinterm Ofen sitzt 'ne Maus, die muß raus, die muß raus ...«

Gomorrha (Mei Oddo) und HaEm (Mei Rischard) erscheinen. Mei Oddo hält zwischen Daumen und Zeigefinger am Schwänzchen ein weißes Mäuschen und zeigt es stolz den Zuschauern.

Zärtlich versetzt Mei Rischard die Maus mit dem kleinen Finger in Schwingungen: »Schon geheert, mei Oddo, die Medizinische Fakultät in Marburg is bleide!«

»Wasde nich saachsd, mei Rischard!«

»Na, was denkst denn du, die hamm doch keene weisen Meise mehr fors Labor!«

Riesenapplaus. Nun haben wir beim Publikum endgültig gewonnen, nun können wir spielen, was wir wollen, nun könnten wir sogar das Marburger Telefonbuch verlesen. In vollem studentischem Wichs treten Schnafte, HaEm und ich vor den Vorhang mit unserem Quodlibet »Neuteutonia sei's Panier!«. Wir stellen die säbelrasselnden akademischen Pappkameraden unserer Darbietung als akadämlich dar, als sauflustiges, rauflustiges, kriegslüsternes Volk von Hackepetern. Wir schwenken schäumende Bierseidel und schmettern nach der Melodie des Kavallerieschlagers »Leutnant war ich einst bei den Husaren« Texte wie diesen:

> Schon der Vater soff bei den Teutonen
> Hansa-Bier plus Traditionen –
> Sieg und Heil Teutonia!
> Heute säuft der Sohn nun literweise
> Hansa-Bier auf gleiche Weise –
> Sieg und Heil Teutonia!

Zackig marschieren die Teutonen, und das Ziel ist klar:

> Wenn die Teutonen zum Ural marschieren,
> öffnen die Russen die Fenster und die Türen.
> Ei, warum? Ei, darum!
> Ei, bloß weil wir vorbeimarschiern in gleichem
> Schritt und Tritt,
> ja, ja, mit Neuteutonia, da hält kein Russe mit …

Regieanweisung auf dem Textmanuskript: »Das Quodlibet muß so dargeboten werden, daß keinerlei falsche Begeisterung im Publikum möglich ist, weil sonst die akute Gefährlichkeit jener Nachwuchskader für das Bundeswehr-Offizierskorps nicht deutlich wird.«

Zum Schluß brechen wir nach der altbayerischen Weise von den lustigen Holzhackerbuam den Dritten Weltkrieg vom Zaun:

Erst werden die Zoffjets in die Pfanne gehaun
mit doppeltem Korn, Atom und Gottvertraun,
und dann zieht arischer Geist in Sibirien ein,
und deutsch wird die Gegend von Amur bis Rhein …

Jubel bei den Nichtkorporierten. Beim Verbeugen kommt mir ein aberwitziger Gedanke: Was wäre wohl, wenn ein Marburger Studentenkabarett in Leipzig die Komik der östlichen Wach- und Schießgesellschaft auf die Schippe nähme?

Dieses Thema wird im Anschluß an die Vorstellung bei einem burschenschaftlichen Kommers stundenlang erörtert. Die gastfreundlichen Germanen mit schwarz-weiß-rotem Fuchsenband testen nicht allein unsere Trinkfestigkeit, sie verwickeln uns auch zielstrebig in Gespräche über gegenseitig interessierende Fragen.

Merkwürdigerweise ist das im Osten übliche Duzen verpönt, alle reden sich grundsätzlich mit Sie an. Diese Masche finden wir reichlich blöd. Gomorrha, der aus seinem Herzen ungern eine Mördergrube macht, fragt nach dem Grund und erhält die plausible Antwort: »Solange Sie mit Sie angeredet werden, Herr Sodann, ist die Gefahr, daß Sie hier jemand anpumpt, relativ gering!«

Mein blondlockiger Tischnachbar zur Rechten ist der Egbert aus Hanau. Seine Tante, sagt er, wohne in Görlitz; am »Platz der Freiheit«, gleich neben dem Gefängnis. Was das Wohnen betreffe, ergänze ich, gäbe ich meinerseits Fürstenwalde den Vorzug; in Fürstenwalde nämlich fängt die »Straße der Jugend« hinterm Gefängnis an und endet kurz vor dem Altersheim. Auch Schnafte, der uns gegenübersitzt, leistet zum Kerkerthema seinen Beitrag: »Im Osten«, sagt er, »sitzen ja so viele!«

Ein paar Plätze weiter spitzt nicht nur der Georg seine Lauscher, sondern auch Gomorrha, der für alles verantwortlich ist.

»Die meisten sitzen ja, wie man hört, in Waldheim«, erklärt Achim, mein Nachbar zur Linken.

»Quatsch«, brüllt Schnafte, »es ist viel schlimmer! Die meisten sitzen in den Parteischulen!«

Alle naselang erhebt der Fuchsmajor seinen Humpen. Ad exercitium salamandris! Bier, das nicht getrunken wird, hat seinen Beruf verfehlt. Ein Salamander nach dem anderen, und immer gleich auf ex, und keiner darf seiner Leber eine Pause gönnen. Langsam, aber stetig lassen wir den Pilssuppenspiegel steigen. Bald schon umfängt uns die deutsch-deutsche Besoffenheit, der Diskurs bleibt dennoch kontrovers. Wie zu erwarten war, artikulieren unsere germanischen Partner ihren Stolz auf die demokratische Meinungsfreiheit. In Marburg, so der Egbert, könne man sich auf den Marktplatz stellen und mit größter Lautstärke rufen: Der Adenauer ist ein Idiot!

Das, sag ich, könne man bei uns in Leipzig auch rufen! Nur der Pirol beschmutzt das eigne Nest. Aber der Egbert will nicht begreifen, daß unser Jein zu Ulbricht nicht unbedingt ein Ja zu Adenauer sein muß. Gestern, sagt Achim, mein Nachbar zur Linken, gestern noch ein Leitartikel, heute schon die eigene Meinung! Es müsse doch Gründe dafür geben, daß die Leute aus dem Osten nach dem Westen abhauen, nicht aber die Leute aus dem Westen nach dem Osten, ob möglicherweise ich selbst mich auch mit einschlägigen Gedanken trüge …

»Nee, nee«, sage ich, »der Kapitalismus ist nicht mein Ding.«

»Das hat mir schon mal einer erzählt«, erklärt Achim, »den kenn ich noch von der Schulzeit her, der behauptet auch, er sei Kommunist, und wissen Sie, warum er Kommunist ist?«

»Warum?«

»Weil er die Hoffnung aufgegeben hat, eines Tages vielleicht doch noch Kapitalist zu werden!« Der Achim studiert Volkswirtschaft. Wie Engels kommt er aus Elberfeld, auch der Name Marx ist ihm geläufig. Das ermutigt mich, trotz nachmitternächtlicher Trunkenheit den Namen Keynes in die Debatte zu werfen: »Weissu, Achim, was Keynes dazu sagt?«

»Na, wasenn, mei Oddo?«

»Der Kappipalismus, sagt Keynes, basiert auf der merkwürdigen Überzeugung, daß widerwärtige Menschen aus widerwärtigen Motiven schon irgendwie fürs allgemeine Wohl sorgen werden …«

In den drei Marburger Tagen sind wir willkommene verbale Sparringspartner für die künftigen Eliten. Wir essen in der Mensa und fühlen uns wie zu Hause; genau wie die akademische Soße in Leipzig entspringt auch die Marburger Soße dem europäischen Soßenverbundnetz, bloß daß die Suppenwürze hier nicht Bino heißt, sondern Maggi. Gern zeigen die Germanen uns ihren Paukboden, wo Gomorrha, vor dem Gesicht eine wattierte Drahtmaske, mit der stumpfen Klinge ein paar Terzen zu schlagen versucht – ein einig Volk von Hackepetern woll'n wir sein!

Stolz wie eine Fußballmannschaft, die ein schweres Auswärtsspiel gewonnen hat, reisen wir in unserem blauen Bus wieder ab aus Marburg – und zwar alle!

Darüber ist unser Aufpasser-Trio mit dem Reiseparteisekretär an der Spitze von Herzen froh.

Froh ist auch Sodann, der, wenn's schiefgeht, für alles verantwortlich ist. Er hat all die Marburger Tage und Nächte lang ein Auge auf Schnafte gehabt. Ein schnaftescher Gag im falschen Augenblick, und weitere Gastspiele an westdeutschen Universitäten hätten wir vergessen können. Doch Schnafte denkt gar nicht daran, aus der Rolle zu fallen. Vor der Abfahrt haben wir schnell noch ein Dutzend Exemplare der *Oberhessischen Presse* gekauft und schlagen immer wieder auf Seite sieben nach. Hier auf der Feuilletonseite steht die ganze Wahrheit – eine Rezension mit der Überschrift »Muntere Leute aus Leipzig«. »Ein höchst vergnügtes Häuflein von Studikern«, schreibt der Autor, »spielt gut und teilweise ausgezeichnet eine Reihe von mäßigen bis trüben Texten. So etwa müßte das Urteil lauten, gäbe es nicht mitten in Deutschland einen volkseigenen Zaun und eine anrüchige Geschichte, die Ostkontakte heißt. Vor diesem Hintergrund ist ein Gastspiel aus Leipzig keineswegs selbstverständlich, und wir müssen etwas dazu sagen, auch zu den Heldentaten, die sich am Rande abspielten. Das Programm war, so wurde mitgeteilt, das gleiche, wie es drüben zu sehen ist. Das wäre immerhin wichtig; denn das Programm bestand zu einem größeren Teil aus kritischen

Betrachtungen der Zustände in der Zone. Neben einigen unpolitischen Nummern gab es natürlich auch eine Reihe Anzapfungen der Bundesrepublik. Sie waren erheblich zahmer als das, was auf westdeutschen Kabarettbühnen in dieser Richtung geboten wird ...«

Der Autor der *Oberhessischen Presse* hat anscheinend bedacht, daß die Leipziger Sicherheitsorgane von unseren drei Begleitern ausführliche Reiseberichte mit fünf bis sechs Durchschlägen erwarten, darum sind auch für sie ein paar Zeilen zum Abschreiben dabei:

»Es war also ziemlich zahm, und alle Schreihälse, die mit dem Entschluß gekommen waren, um jeden Preis zu krakeelen, hatten Mühe, ihre aufgestauten Pfuis loszuwerden. Nun, ein bißchen Gelegenheit hatten sie dann doch noch. Der Sache nach haben sie auch insofern recht, als den Leuten aus Leipzig jegliche Legitimation fehlt, uns hier etwas von Gleichschaltung zu erzählen, so zutreffend manches sein mag. Andererseits hatte auch der westdeutsche Beifall zur Selbstkritik der Gäste seine Fatalität. Schwierig wurde die Situation der Helden im Dunkel, als man auf der Bühne die phantasielosen Bemühungen der hiesigen Opposition durch den Kakao zog. Da war auf einmal eitel Jubel und die FDJ ein lieber Bundesgenosse! Natürlich hatten die östlichen Spötter auch dieses Mal nicht ganz unrecht, waren aber wiederum in keiner Weise legitimiert ...«

Legitimiert oder nicht, wir sind mit uns zufrieden. Die Rückkehr nach Leipzig aber eilt nicht so sehr. Völlig undenkbar, daß wir nicht wenigstens einen Blick auf den Rhein werfen, auf Rüdesheim und das Deutsche Eck. Wir fahren nach Frankfurt und den Rhein hinab bis Koblenz. Am Wege liegt die Loreley. Da gehen die übervollen Kehlen auf, und nun steht nicht Herbert Roth auf dem Programm, sondern Heine und das rheinische Liedgut. Wir fahren die ganze Nacht durch, schlafen ein paar Stunden im Bus und treffen morgens in Leipzig ein.

Sodann hat die Stunde unserer Ankunft telefonisch bekanntgegeben, und tatsächlich finden sich in aller Frühe zu unserer

Begrüßung gut und gern zweihundert Leutchen am Nikolaikirchhof ein, die unseren Berichten von einer nahen, fernen Welt ergriffen lauschen. Auch unsere drei allgegenwärtigen Sputniks können sich gratulieren; Verluste sind nicht zu beklagen. Kein Spötter ist von Menschenhändlern entführt worden. Wir haben sogar von drüben eine kleine Übersiedlerin mitgebracht – eine weiße Maus mit Kosenamen Esmeralda. Reihum halten wir sie hoch empor in die Frühlingsluft: Da könnt ihr mal sehn, Freunde, was für Biowaffen der Gegner neuerdings einsetzt!

Wir sind die Helden von Marburg. Leipzig ist stolz auf uns.

2
Wo liegt der Hund begraben?

Am Dienstag, dem 18. Juli, 22 Uhr 08 startet der »Rat der Spötter« vom Leipziger Hauptbahnhof mit dem D 175 Richtung Berlin. Im Gegensatz zu anderen, auffallend nervösen Fahrgästen sind wir erstaunlich gelassen. Wir haben nur wenig Gepäck und steigen in Berlin nicht aus. Wir reisen einfach weiter nach Greifswald, als wäre das normal im Sommer 1961. Vor dem Greifswalder Bahnhof erwartet uns morgens gegen halb neun der Bus der Maschinen-und-Traktoren-Station (MTS) Wusterhusen. Hommel hat mit Gomorrha auch die diesjährige Sommertournee wieder tadellos organisiert und einen bis in die kleinsten Kleinigkeiten hinein perfekten Organisationsplan getippt.

Auftritt in Wusterhusen:

12.00 Abholung der Requisiten mit Bus der MTS Wusterhusen

18.00 Fußwanderung zum Auftrittsort

19.00 Essen

20.00 Auftritt in der KONSUM-Gaststätte, Inhaber Menge, Tel. 272

22.00 Tanz mit unserer Kapelle

24.00 Fröhliche Nachtwanderung ins Quartier

Meine allerletzte Landtournee. Mir ist, als ginge die Jugend zu Ende. Immerhin ist meine Helene dabei, die zeitweilig aus dem Kabarett ausgeschieden war und nach konzentriertem Pauken eben ihr Physikum bestanden hat. Ich habe meine Abschlußexamen hinter mich gebracht und soll am 1. September eine Redakteursstelle bei der *Volksstimme* in Magdeburg antreten. Jetzt kommen die fetten Jahre, statt 230 Mark Stipendium ein Gehalt von 600 Mark im Monat.

Meine letzten Auftritte als Spötter, Höhepunkte werden

die Gastspiele in Metropolen wie Franzburg und Bad Sülze sein, und Anfang August soll die Tournee dann luxuriös auf einem Zeltplatz an der Ostsee ausklingen – in Dierhagen auf dem Fischland. Zu diesem Zweck hat Hommel sieben Zweimannzelte und zwölf Luftmatratzen beschafft. Doch bis es soweit ist, spielen wir erst noch unser rustikales Programm, jeden Abend in einem anderen vorpommerschen Nest.

Auf der Bühne zwei Greise mit Krückstock und grauen Bärten.

Leberecht: »Ich hab gehört, Friedhelm, du hast wieder geheiratet?«

Der extrem schwerhörige Friedhelm: »Häh?«

»Ich hab gehört, du hast wieder geheiratet!«

»Häh?«

Leberecht, mit äußerster Lautstärke: »Ich hab gehört, du hast wieder geheiratet!«

Friedhelm: »Ja, ja.«

»Wie alt ist denn deine Frau?«

»Häh?«

»Wie alt ist deine Frau?«

»Wer?«

»Deine Frau! Wie alt ist die?«

»Die? Die ist gestern zwanzig geworden.«

»Na, sag mal, hast du dir das denn auch gut überlegt, du mit deinen fünfundsiebzig Jahren?«

»Ja, ja.«

»Mann, Friedhelm, wenn du achtzig bist, ist deine Frau fünfundzwanzig!«

»Ach so, Tatsache, du hast ja recht ... Na, dann muß ich mir eben wieder was Jüngeres suchen.«

Mit Sketchen der Lebensfreude versetzen wir die vorpommersche Dorfjugend Abend für Abend in Trance, sind aber in Gedanken bei dem neuen Programm, das wir zur Herbstmesse aufführen werden. »Wo der Hund begraben liegt« – so lautet der Titel, der seit Monaten feststeht. Er deutet an, daß wir heikle Themen zur Sprache bringen werden. Unser Ehrgeiz ist größer geworden seit Marburg. Sind wir bisher nicht vielleicht zu humoristisch gewesen, sollten wir nicht endlich schärfer schießen?

HaEm, Schnafte und ich arbeiten am Entree. So soll es losgehn: Halbdunkle Bühne. Nächtlicher Friedhof. Rabengekrächz. Heiser bellt ein Hund. Zwölfmal schlägt blechern ein Glöckchen. Geisterstunde! Auftritt Chor der Geister. Reime aus der Kiste mit dem schwarzen Humor:

Es brechen polternd Gräber auf
der Toten Geist steigt fahl herauf …

Der Totengräber erscheint, mit Feldspaten. Er gräbt hier, er gräbt da, er sucht die Stelle, wo der Hund begraben liegt, und kann sie nicht finden. Die Geister zeigen sie ihm nicht. Er und das Publikum sollen im Laufe des Programms von uns alles erfahren.

Themen gibt es mehr als genug. Unsere sozialistische Welt ist voll davon. Auf Schritt und Tritt lesen wir Spruchbänder und Parolen: *FDJler in den Wald, / macht den Borkenkäfer kalt! – Frauen und Mädchen, ran / im Wettbewerb von Mann zu Mann!* Oder so etwas: weiß auf rot steht an der Fassade einer Berliner Sprachheilschule: *Wir artikulieren nach sowjetischem Vorbild! – Vielerlei weiß die Partei, daß ichs versteh, les ichs ND!* In den Zeitungen ist die DDR das immer und immer wieder gelobte Land, nur bei Nieselregen versauen die fünf Zeilen Wetterbericht den schönen positiven Gesamteindruck.

Gute Zeiten für Satire, sagt Helene.

In den Dörfern hat Walter Ulbricht die von ihm so genannte Vervollgenossenschaftlichung durchgedrückt. Auch mein Väterchen ist in eine LPG Typ drei eingetreten worden. Der Sozialismus auf dem Lande beschäftigt mich seit langem. Wie man das Komma auch setzt, es kommt immer dasselbe raus: Es lohnt sich nicht, mehr zu arbeiten. Es lohnt sich, nicht mehr zu arbeiten. Es lohnt sich nicht mehr zu arbeiten.

»Es braust ein Ruf wie Donnerhall, in Rostock sind die Zwiebeln all!« – »Was die Hausfrau braucht, das gibt es nicht, und was es gibt, das braucht sie nicht.« – »Trifft die eine Hausfrau die andere Hausfrau und sagt: Ich hab gehört, morgen soll's Schnee geben. Sagt die andere Hausfrau: Mir egal, ich stell mich nicht an.«

Monat für Monat verlassen mehr als 20000 Menschen das Land Richtung Westen. Wie lange mag es dauern, bis die Republikflüchtlinge zur verschwindenden Mehrheit werden? Von diesem Exodus unbeeindruckt, dröhnt die Propaganda ihre Bürger mit leeren Verheißungen zu. Die Leute stehen Schlange, und in jedem Fall ist es eine Schlange, die hinten bissiger ist als vorn. Walter Ulbricht aber verbreitet auf dem fünften SED-Parteitag fistelnd historischen Optimismus: »Nachdem unsere Republik Westdeutschland bereits jetzt im Verbrauch bei allen Nahrungsmitteln überholt hat, ja, werden wir bis 1961/62 auch bei den wichtigsten Konsumgütern den Pro-Kopf-Verbrauch Westdeutschlands erreichen oder gar überschreiten ...«

Im Verlag Neues Leben erscheint das Buch »Unsere Welt von morgen«. Wir sind voller Bewunderung für die ausschweifende Phantasie der Autoren Böhm und Dörge. Das einzige, was die DDR der Gegenwart im Überfluß hat, ist der Mangel, darum beschreiben Böhm und Dörge wohlweislich die Zukunft, in der es uns gutgehen wird: »Was da auf uns zukommt, schreiben sie, diese immer mächtiger anschwellende Woge von Lebens- und Genußmitteln aus aller Herren Länder, von Kleidern und Schuhen, von Küchen- und Waschmaschinen, Autos, Fotoapparaten und Sportgeräten! Diesen ganzen unerschöpflichen Reichtum der Zeit des Sozialismus kann der Handel nicht einfach nur verteilen. Er muß dafür sorgen, daß die einzelnen Tropfen dieser Hochflut an Waren aller Art überall jederzeit zur Verfügung stehen, damit der Kunde ohne Mühe und langes Warten genau das bekommt, was er wünscht!«

Es wird einmal ... So beginnen in meiner Heimat die Märchen.

»Unsere Welt von morgen« wäre das ideale Material für ein

Kabarettprogramm. Vorsichtshalber lassen wir die Finger davon. Wir wollen ja nicht verboten werden. Die Konturen unseres neuen, vielversprechenden Programms zeichnen sich bereits ab. Eine gereimte Parodie auf die sozialistisch-realistischen Sabogententhriller der DEFA liegt bereits vor.

Unteragent:
Wenn Arbeiter und Bauer pennt,
tritt auf den Plan der Westagent.
Oberagent zum Unteragenten:
Pirsch ran dich an die Traktorhaube,
und mause eine wicht'je Schraube;
fang flugs mit deiner Arbeit an,
vernichte ihren Sie'mjahrplan …

Wir haben den Blackout zum Thema Zigaretten:

Parteisekretär: »So, meine Herrschaften von der Presse, damit wäre unser Rundgang durch die Zigarettenfabrik beendet. Noch irgendwelche Fragen?«

Journalist: »Sagen Sie, Genosse Parteisekretär, wie sieht die Perspektive Ihres Betriebes bis 1965 aus?«

Parteisekretär: »Bitte, notieren Sie! 1965 werden wir in unserer Zigarettenfabrik erstmals Tabak verarbeiten.«

Wir haben den Black »Ziegelei«, ein absurdes Gleichnis auf die DDR-Wirtschaft:

Bauarbeiter bei Abrißarbeiten.

Passant: »Eh, was macht ihr denn da?«

Brigadier: »Wir reißen die Ziegelei ab.«

Passant: »Seid ihr verrückt geworden, wir brauchen doch die Ziegel!«

Brigadier: »Genau! Eben darum reißen wir sie ja ab!«

Unser Pianist Franz R. hat den Dialog »Klavierbauer unter sich« geschrieben. Zwei Klavierstimmer untersuchen den mißgestimmten Flügel, können den Defekt aber nicht finden, auch nicht, als sie das Instrument von unten inspizieren: »Du, Alfred, von unten, gloob ich, kömmer ooch nischt ändern.«

Da wir in Leipzig bekanntgemacht haben, daß wir die Helden von Marburg an der Lahn seien, dürfen satirische Wirtinnenverse nicht fehlen. Unerschrocken nennen wir Namen. Daß es sich nicht um Kritik ohne Ansehen der Person handelt, sondern um Kritik gegen Personen ohne Ansehen, versteht sich von selbst – Dichter etwa, die mit der Wurscht nach der Speckseite schmeißen, die behaupten, die DDR zu lieben, in Wirklichkeit aber nur mit ihr pennen wollen, wie HaEm sagt. Wenn's Komponisten wärn, Örnie, die würden Marschmusik für Einbeinige schreiben! Kandidat für unser Couplet ist außer dem Leipziger Theaterintendanten auch der brave Dichter Werner Lindemann:

Frau Wirtin hat 'nen Lindemann,
der tut nur so, als ob er kann.
Er schreibt zwar sehr parteilich,
doch mit der Kunst ist's nicht weit her –
ich finde das verzeihlich.

In Franzburg wohnen wir für ein paar Tage in einem Lehrlingswohnheim. Gomorrha setzt eine zweistündige Dramaturgiebesprechung an, reichlich spät, wie ich finde. Ein paar Wochen früher hätte es schon sein dürfen. Aber so was geht mich kabarettistischen Emeritus kaum noch was an. Laut und vernehmlich liest Gomorrha ein Dutzend neuer Szenen vor, zu denen der versammelte »Rat der Spötter« sich ein Urteil bildet, akzeptiert, verwirft oder Änderungen vorschlägt. Unser Entree wird angenommen:

Es brechen polternd Gräber auf,
der Toten Geist steigt fahl herauf …

Wir erhalten den Auftrag, nun zügig den Schluß zu texten, möglichst noch während der Landtournee. Das gelingt. Zum Programmschluß lassen wir die Geister zu ihren Gräbern zurückkehren, und zwar mit den Worten:

Der Morgen graut schon im Gelände,
die Geisterstunde ist zu Ende …

Die Geister haben vorgeführt, wo im Arbeiter-und-Bauern-Staat die Säge klemmt. Mehr können sie nicht tun, nun müssen schon die Werktätigen selber ran, jeder an seinem Platz. Zu Melodien aus der Feder unseres Pianisten Franz R. schließen wir mit einem Appell an das Publikum:

Was an uns liegt, ist getan.
Die Zeit ist reif, drum drauf und dran!
Es geht nur dann bei uns voran,
legt ihr dem Hund den Maulkorb an.
Leute, hört unsere Signale,
dann ist mit dem dicken Hund ... Fi-na-ha-le.

Mit dem guten Gefühl, daß wir der Endfassung des Programms näher gekommen seien, fährt die eine Hälfte der Truppe am 2. August Richtung Fischland in den Ostseeurlaub, die andere Hälfte zurück nach Leipzig. Wenige Tage später erhält HaEm einen Brief mit Noten und einem neuen Text, Absender Franz R. Er weist darauf hin, daß für ihn im September das vierte und somit letzte Studienjahr beginne. Um in schöpferischer Ruhe die Diplomarbeit schreiben und sich auf die Examen vorbereiten zu können, gebe er sein Ausscheiden bekannt, und zwar per sofort. »Die Tournee hab ich noch mitgemacht«, schreibt er, »aber nun ist Feierabend, ganz egal, ob ihr einen neuen Pianisten habt oder nicht.«

Eine Ankündigung von rätselhafter Schärfe. HaEm deutet sie auch als Kritik an Sodanns zunehmend diktatorischem Führungsstil. Er zeigt Gomorrha den Brief. »Typisch«, sagt Sodann. Für ihn ist das bloß Theaterdonner, er wird sich vor Ronneburger nicht in den Staub werfen, er wird ihn nicht anflehen, weiterzumachen, reisende Leute soll man nicht aufhalten. Nach und nach rücken die Mädchen damit raus, daß Franz R. die DDR-Häme im Kabarett schon seit längerem unbehaglich gewesen ist. Sodann seine Bedenken ins Gesicht zu sagen, hat er offenbar nicht gewagt, darum hält er sich an die Mädchen: »Wenn ihr Einfluß habt auf Sodann, dann sagt was, dann tut was!«

HaEm geht in Gedanken seinen musikalischen Freundeskreis durch und überlegt, wer im Fall des Falles als Nachfolger in Frage kommen könnte.

Dieser Sturm im Wasserglas interessiert mich nur noch wenig und bald überhaupt nicht mehr. Am Strand von Dierhagen, in den Abendstunden, kurz bevor die rote Sonne im Meer versinkt, raunt Helene mir zu: »Du, ich muß unbedingt mal zum Gynäkologen.«

Eine Andeutung, die das Leben eines Mannes erschüttert. Ernste Worte, die auf ihre Konsequenzen hin stunden-, ja tagelang begrübelt werden müssen, in der Einsamkeit eines Heimaturlaubs beispielsweise. Helene fährt zu ihren Eltern nach Thüringen. Ich ziehe mich in mein mecklenburgisches Dorf zurück.

Hier versucht meine Mutter der Mitwelt zu verbergen, wie stolz sie auf mich ist. Der Reihe nach fragen die neugierigen Nachbarsfrauen: »Is din Jung ümmer noch in Sachsen, Anna? Wat makt hei, wat is hei?«

Schamhaft wie ein junges Mädchen schlägt meine Mutter die Augen nieder und sagt: »Hei is nu Diplomjournalist.« Darunter kann sich kein Mensch was Genaues vorstellen, also muß es wohl was ganz besonders Schönes sein. Mein Vater ist von meinem neuen Titel weniger angetan. Seit den Jahren des Dritten Reiches imponieren ihm Journalisten nur, wenn sie flunkern auf Deibelkommraus, wenn sie lügen, daß sich die Balken biegen. Mit solchen Qualitäten aber kann ich fürs erste noch nicht aufwarten.

Mein kleiner Vater ist ein begeisterter Anhänger von Dr. Karl-Heinz Gerstner, der jeden Sonntag im Berliner Rundfunk über den Äther zu ihm spricht. Am Sonntagvormittag fünf vor elf pflegt sich mein Vater ächzend im Sessel neben dem Radio niederzulassen, dann setzt er seine Leichte Bruns in Brand, eine preiswerte Zigarre, die unsere gute Stube bis zum Mittagessen mit preiswerten Düften und blauen Rauchschwaden vernebelt. Punkt elf legt Scharlie Gerstner los mit seiner »Kleinen Marktinformation«; sachlich, kritisch und optimistisch wie immer. Nachdem unsere Republik, sagt er mit vertrauenbildendem Tremolo, Westdeutschland bereits im Verbrauch bei allen Nahrungsmitteln überholt hat, werden wir bis 1962 auch bei den wichtigsten Konsumgütern den Pro-Kopf-Verbrauch Westdeutschlands überschreiten …

In Augenblicken wie diesem schafft es mein Vater kaum noch, seine Zigarre kontrolliert im Aschenbecher abzulegen. Wie ein besoffener Eisbär schwenkt er seinen Oberkörper hin und her. Er röchelt vor Vergnügen. Er ringt nach Atem. Mit beiden Händen klatscht er sich auf beide Schenkel und schreit mit mehrfacher Zimmerlautstärke: »Dei kann öwer leigen, dei kann öwer leigen!« Für meinen Vater sind es Komplimente, für den Staatsanwalt wäre es ein klarer Fall von staatsfeindlicher Hetze.

Ein sonniger Sonntag im August. Mit dürftigem Fang kehre ich vom Angeln zurück. Mein Vater macht ein bedenkliches Gesicht. Er hat Nachrichten gehört, die so fürchterlich sind, daß er bereit ist, sie von A bis Zet zu glauben. Die Grenzen sind dicht. In Berlin bauen sie eine Mauer, und im Radio spielen sie Kampflieder und Marschmusik:

> Die Klasse gibt uns Kraft und Mut
> und die Richtung die Partei!
> Mit Walter Ulbricht kämpft sich's gut,
> voran – die Straße frei!

Den Rest des Sonntags verbringe ich am Lautsprecher, um ja nichts zu verpassen. Der Frieden nicht nur in Deutschland, sondern in der ganzen Welt, so die Nachrichtensprecher der Friedenssender, sei durch die Grenzsicherungsmaßnahmen unserer souveränen Deutschen Demokratischen Republik in letzter Minute gerettet worden. Nun sei die Aufregung bei den Bonner Ultras natürlich groß. Na, wennschon! Parole der Siegermächte: Ruhe bewahren. General de Gaulle befindet sich in der Sommerfrische und denkt nicht im Traum daran, wegen der ostdeutschen Bauarbeiten seinen Urlaub in Pau vorzeitig zu beenden. Premierminister MacMillan, ein passionierter

Weidmann, weilt in Schottland; Downingstreet Nr. 10 gibt bekannt, daß der Premier keinen Grund für eine Unterbrechung der Moorhuhnpirsch erkennen könne. Der amerikanische Präsident weilt in Camp David und wird sich von Willy Brandt nicht vorschreiben lassen, wann er ins Weiße Haus an sein Rotes Telefon zurückzukehren habe.

Und so fragt man sich denn: Was haben Kennedy und Chrustschow Anfang Juni in Wien denn nun eigentlich verabredet? Die Einheit Deutschlands kann es ja doch wohl nicht gewesen sein.

Ich beginne zu ahnen, daß die Weltpolitik drauf und dran ist, mir in meine geheimsten Pläne hineinzupfuschen. Seit die Kaderabteilung des Zentralkomitees mir die Stelle eines Kulturredakteurs in Magdeburg zugeteilt hat, werde ich den Gedanken nicht los, daß ich die Tätigkeit eines Parteijournalisten möglicherweise bescheuert finden könnte. Wenn's dir stinkt, kalkuliere ich im stillen, dann haust du in den Sack, setzt dich in die U-Bahn und verschwindest irgendwohin, wo es dir besser gefällt. Sogar Südamerika hab ich auf der Rechnung, Rio, Valparaiso, Buenos Aires, adios muchachos!

Mein Fernweh jedoch hat sich nach Helenes Erwähnung des Gynäkologen schon stark abgekühlt. Am 13. August löst es sich endgültig in Luft auf. Meine Eltern sind Abonnenten der Schweriner Erfolgszeitung, die von einem Tag auf den anderen den Ton nicht nur gegen die Bonner Kriegstreiber, sondern auch gegen ihre Helfershelfer in der DDR verschärft. Großbauern, Konsorten und sonstige Wühlratten, Handlanger der Bonner Militaristen, Faschisten, Rowdys, Schurken, Hetzer, Kreaturen, Provokateure, Schmarotzer, Verbrecher, Söldlinge der Bonner Ultras, Achtgroschenjungen, Knieweiche und RIAS-Knechte werden derzeit gerade vom Rad der Geschichte überrollt, und das beste Argument gegen diese Ewiggestrigen ist und bleibt die schlagfertige Faust der ehrlichen Arbeiter. Aus dem Lautsprecher unseres Radioapparats schallt es im Walzertakt:

Was war das für 'ne Lust
am 13. August!
Herr Brandt bekam eins auf den Hut,
ihr glaubt ja nicht, wie gut das tut …
Klappe zu, Affe tot,
endlich lacht das Morgenrot!

Eine Woche bleibe ich noch in Mecklenburg und versuche, eine Szene über das aufregende Leben der Studenten zu schreiben. Das will nicht recht klappen; denn meine Gedanken schweifen in die Ferne, nach Leipzig oder, öfter, nach Thüringen. Dann halten wir es beide nicht mehr aus und treffen uns in Leipzig.

Sie ist beim Gynäkologen gewesen!

Hand in Hand erscheinen wir im *Spötterkeller* und treffen Elfriede und Alba an. »Na«, sagt Alba, »irgendwas Neues?« Ich nehme Helene in den Arm und sage beiläufig: »Wir sind schwanger.«

Lachend umarmt Alba seine Elfriede: »Wir beide ooch.«

Am Tag zuvor hat er mit Gomorrha und Prof. Dr. Georg Mayer, dem trinkfesten Rektor der Karl-Marx-Universität, *Sturms Weinstuben* inspiziert, ein historisches Lokal gleich neben der Paulinerkirche. In dieser Gaststätte ist schon seit Jahren kein Gast mehr bewirtet worden, es ist voller Staub und Spinnweben von den Dielen bis zur Decke. Genau so was aber wie Sturms Weinstuben sucht Sodann, der, von unendlicher Baulust getrieben, schon wieder ernste Absichten hat. Seit im *Spötterkeller* die Arbeiten abgeschlossen sind, fahndet er nach einer ausbauwürdigen Kneipe – mit Gottes Hilfe und, neuerdings, mit Unterstützung durch den Rektor.

Mayers Antlitz ist mit Schmissen dekoriert; allein schon seine äußere Erscheinung macht ihn zur Galionsfigur an der Spitze der Karl-Marx-Universität. Mayer, eine Seele von Mensch, Hedonist im Haupt- und Landwirtschaftsprofessor im Nebenberuf, zieht die feuchtfröhliche Gesellschaft von Studenten dem Umgang mit politischen Langweilern entschieden vor. Hin und wieder weist Parteisekretär Böhme ihn taktvoll darauf hin, daß der Verkehr mit Krethi und Plethi der Würde einer Magnifizenz abträglich sei. Das kann Mayer sich nicht vorstellen. Eine Magnifizenz, argumentiert er, habe nichts zu verlieren als ihre Ketten.

Mayer läßt sich den Rausch, den er aus dem Genuß edler Getränke gewinnt, von niemandem verbieten. Bei Mutter Lüttich, in unserer Stammkneipe, referiert er, vom blauen Dunst der Brasil umschmeichelt, seine Erinnerungen an *Sturms Weinstuben* und versäumt nicht, zu vorgerückter Stunde die Geschichte von den drei Heidelberger Mayers zum besten zu geben; eine Schnurre, die in Leipzig jeder kennt, aber immer wieder gerne hört. »Auch ich war ein Jüngling im lockigen Haar«, sagt Mayer mit rhetorischer Delikatesse und schwäbischem Zungenschlag; »seinerzeit zu meiner Zeit waren wir an der alma mater heidelbergiensis nicht weniger als drei prominente Mayers ...«

Sodann und Albani heucheln Interesse.

»... erschtens der Rauf-Mayer, zweitens der Sauf-Mayer und drittens das Weiber-Mayerle, und nun raten Sie mal, meine jungen Freunde, welcher von diesen drei Übeltätern mag denn wohl Ihr Rektor gewesen sein ...«

Alba und Gomorrha stellen sich dumm.

»Sie kommen nicht drauf, meine Herrn! Ich war, halten Sie sich fest, ich war alle drei, na höret Sie, das ist doch eine Sache der Ehre ...«

Schorsch Mayer ist ein gern gesehener Gast im *Spötterkeller*, ein väterlicher Freund des Kabaretts, und *Sturms Weinstuben*, sagt er, stünden in ihrer unvergleichlichen Historizität der Paulinerkirche nur wenig nach, wo allerdings geistige Getränke nur beim Abendmahl in herzlich geringen Quanta ausgeschenkt würden, und wenn nun tatsächlich der tatkräftige Herr Sodann das Projekt *Sturms Weinstuben* anpacke, so stünde diesen zweifellos eine glanzvolle Renaissance bevor.

Für den tatkräftigen Herrn Sodann wären *Sturms Weinstuben* ein Glücksfall! Da stellen wir einen Flügel rein, sagt er, an der Wand hängt 'ne Gitarre, wer will und wer's kann, darf Musik machen bis in die Puppen, und jeden Abend wird freiweg alles diskutiert, was uns auf den Nägeln brennt.

Sturms Weinstuben sollen, wenn es nach ihm geht, das Domizil werden für den schon bestehenden Ring junger Künstler, in dem er einer der aktivsten Aktivisten ist. Diesem Ring junger Künstler, der sich vorerst noch im *Spötterkeller* trifft, schließen sich immer mehr Studenten an, von der Hochschule für Grafik, der Musikhochschule, der Theaterhochschule, von der Karl-Marx-Universität. Allerdings ist dieser sogenannte Ring eine Gründung von unten, ohne ausdrücklichen Segen der Partei, allein schon der Name »Ring« hat einen Westdrall. Darum haben die zuständigen Organe längst ein, zwei Augen auf Leben und Treiben der jungen Künstler geworfen.

Wie alle, ist Gomorrha vom Mauerbau zwar überrascht worden, behauptet allerdings, so was Ähnliches hätte er kommen sehen. In Ruhe will er nun erst mal abwarten, was die nächsten Wochen bringen, kann sich aber vorstellen, daß die Verhältnisse stabiler werden, weil die neue Mauer die DDR natürlich schützen werde gegen wirtschaftlichen Ausverkauf. Fachleute jedenfalls könnten ja nun nicht mehr abgeworben werden. Die Durchschläge der Szenen, die für das neue Programm vorliegen, habe er rübergeschafft zur Partei in die Ritterstraße, darüber aber noch kein Wort gehört, weder Zustimmung noch Kritik, klar, sie müssen ja erst mal alles lesen.

Schnafte nimmt die neue Lage mit Humor. Er, sagt er, habe gleichfalls alles kommen sehn. Schließlich habe Walter Ulbricht persönlich ja schon im Mai auf den bevorstehenden Mauerbau hingewiesen. Die Mauer, hätte Ulbricht behauptet, wäre ein Projekt des Architekten Niemann! Vor diesem Niemann hätte Walter Ulbricht gewarnt und der versammelten Weltpresse zugerufen: »Niemann hat die Absicht, eine Mauer zu bauen!« – »Spaß muß sein, Örnie«, kräht Schnafte, »sonst geht keiner mit zur Beerdigung.«

Franz R. hält Wort, auch HaEm kann ihn nicht zum Weitermachen überreden. HaEm kennt einen Medizinstudenten namens Ruckhäberle, der bis dahin zwar nur Mozart auf dem Klavier gespielt, immerhin aber angedeutet habe, daß er beim »Rat der Spötter« ganz gern in die Tasten greifen würde. Auch Ruckhäberle zeltet an der Ostsee. HaEm schickt ihm ein Telegramm nach Kühlungsborn, Wortlaut: »Pianist ausgefallen, wenn Interesse, komme sofort.«

Ohne Zeit zu verlieren, reist Ruckhäberle an. Alles atmet auf, und HaEm verpaßt ihm sogleich den Spitznamen KaE. Damit er weiß, daß er dazugehört! HaEm geht mit ihm die musikalischen Szenen durch. Ruckhäberles Gesicht wird länger und länger. Schließlich hebt er die Hände und sagt: »Heinz-Martin, das krieg ich nicht hin!«

Gomorrha probiert eine kurze Szene, die, sollte sie tatsächlich aufgeführt werden, beim Publikum Begeisterungsstürme hervorrufen könnte; sie eignet sich aber auch dafür, als »dicker Hund« geopfert zu werden: Sherlock Holmes und Dr. Watson finden einen Toten. Todesursache, festgestellt durch Holmes: Hat sich zu Tode gewundert. Watson-Frage: Worüber? Sherlock Holmes antwortet: In der Volkskammer hat es einen Zwischenruf gegeben!

Überschreiten wir mit diesem Blackout die eng gezogenen Tabugrenzen? Schon möglich, daß die Szene, wenn es ernst wird, den Heldentod sterben wird.

Freimütig hat Gomorrha auf einer Kulturbund-Tagung zu Fragen der Satire aus dem Nähkästchen geplaudert. Wir, gibt er bekannt, bringen im Programm immer einen »dicken Hund« unter. Bei der Abnahme stürzt sich alles auf genau diese Szene, die wir sowieso nicht bringen wollen. Nach stundenlanger Diskussion fliegt sie tatsächlich raus, und den Rest des Programms können wir dann in aller Ruhe spielen.

Ob Trick 17b auch nach dem 13. August noch funktionieren wird? Das Klima ist rauher geworden. Der FDJ-Zentralrat hat die Aktion *Blitz contra NATO-Sender* gestartet. Für die gute Sache steigen Mitglieder des Jugendverbandes auf die Dächer und drehen Fernsehantennen in Richtung Frieden: *Vom letzten Krieg ist nicht geheilt, wer Ochsenkopf und RIAS peilt!*

Am 31. August beziehe ich in Magdeburg mein Zimmer bei Frau Hänsel in der Wittenberger Straße und melde mich am Freitag, dem 1. September, pünktlich fünf vor acht Uhr früh in der Redaktion der *Volksstimme* zur Arbeit. In der Redaktionssitzung stellt Chefredakteur Kopietz mich der Allgemeinheit vor. »Das ist unser neuer Kulturredakteur«, sagt er, »er ist Kandidat der Partei und heißt Ernst; diesen seriösen Namen sollten wir nicht auf die Goldwaage legen, Genossen, in Wirklichkeit ist er nämlich eine Stimmungskanone, ein Kabarettist und Possenreißer.«

Diese Ankündigung freut besonders meinen Zimmergefährten Heinz. Er reicht mir die Zeitung vom Vortag. Darin steht ein launiger Vierspalter aus seiner Feder, über die »Zirkelspitzen«, das Studentenkabarett der Technischen Hochschule. In seinem Beitrag zitiert er beispielhafte Szenen, Texte, wie sie in dieser speziellen politischen Situation sein müssen: spritzig, parteilich, volksverbunden.

Nur zwei Wochen trennen uns noch von den nächsten Volkswahlen, darum befassen sich die »Zirkelspitzen« konkret mit diesem Thema, am gelungensten in einem komischen Solo wie dem folgenden: »Liebe Zuschauer, wir führen jetzt gemeinsam einige Sprechübungen durch. Heute ist das W an der Reihe. Manch Walroß wogt wie Wellen weit. Weiberwirtschaft wollen wir wagen. Wundwickel, Wackelwippe, Wickelwicke, wehe, wehe, wehe. So, und nun singen wir alle: Wir wissen, was wir wählen, wir wissen, wen wir wählen, wir wählen Wohlstand und Weltfrieden. Wir wissen, wann wir wählen wollen … Übrigens, wissen Sie das auch schon, meine sehr verehrten Damen und Herren? Ja? Na, wunderbar, dann vorwärts zu den Volkswahlen am 17. September!«

»Na«, fragt Heinz, »was sagste?«

»Sehr ulkig«, sage ich.

3
Die Generalprobe

Am 23. August beginnen im *Spötterkeller* die Proben. Sie dauern, mit kurzen Pausen, täglich von acht Uhr früh bis nachts um zehn, und die kurzen Pausen sind tatsächlich kurz. Wie die Nachtwandler taumeln die Darsteller kreuz und quer durch den Keller und murmeln ihre Texte. Regisseur Sodann kennt keine Gnade. Ihm läuft die Zeit davon. Für den 4. September hat er die erste Durchlaufprobe angesetzt, Generalprobe am 5., am 6. September Premiere. Er kommt morgens schon vor acht, damit er der erste ist und den anderen tagsüber ihre Unpünktlichkeit vorwerfen kann: »Ich komm in den Keller – keener da! Typisch.«

Alba ist ständig auf der Jagd nach Kostümen. Techniker und Requisiteur Heiko Rämisch alias Römisch muß dem Regisseur die ausgefallensten Wünsche erfüllen, etwa einen Plüschhund beschaffen und dazu ein Metallrohr, aber nicht zu dick, damit man es dem Hund in die rückwärtige Körperöffnung bohren kann, aber auch nicht zu dünn, weil eine zusammmengerollte Zeitung hineinpassen muß. Mit dieser Versuchsanordnung wird Gomorrha dem Publikum die Unverdaulichkeit des Zentralorgans *Neues Deutschland* demonstrieren.

Ruckhäberles Nächte waren nie zuvor so kurz. Zu Hause übt er bis in die frühen Morgenstunden, tagsüber bei den Proben hängt er durch. Immer mal wieder läßt er resigniert die Hände sinken, spielt drei Takte Mozart zur eigenen Erbauung und seufzt: Nee, Peter, eure verdammte Kabarettmusik, die krieg ich nicht hin, jedenfalls nicht in acht Tagen!

Weitermachen! befiehlt Sodann.

Für mich ist es im Keller unbehaglich geworden; wenn geprobt wird, stehen Tagediebe wie ich nur im Weg. Ich werde mich daran gewöhnen müssen, daß mein Platz in Magdeburg ist, wo die Chefredaktion von mir Diensteifer und Anwesenheit über den Feierabend hinaus erwartet, dazu auch eine gewisse proletarische Bescheidenheit. Nie vergessen, Junge, daß die Arbeiterklasse dir das Studium bezahlt hat!

Mein Kollege Heinz zieht die Schublade seines Schreibtischs auf und läßt kurz einen Flachmann aufblinken. Der Journalist, sagt er, ist ein bescheidenes Wesen, das bißchen, was er ißt, das trinkt er, und das bißchen, was er liest, schreibt er sich selbst.

In perfektem Parteichinesisch formuliere ich einen Beitrag über ein Kulturforum auf dem Lande, Zitat: »Jetzt vor der Wahl ist es Hauptaufgabe der Dorfklubs, die Maßnahmen unserer Regierung vom 13. August auch dem letzten Bürger klarzumachen, führte Genosse Peisker aus …«

In der Kulturabteilung der *Volksstimme* ist es noch langweiliger, als ich befürchtet hatte. Vor allem muß ich lernen, meine Worte zu wägen. Die verbalen Fettnäpfchen stehen dicht an dicht, und die Sprachregelungen sind höchst subtil. Den Begriff Arbeiter-und-Bauern-Staat schreiben wir nicht Arbeiter- und Bauern-Staat, Genossen! Weil die Arbeiter und Bauern in einem unverbrüchlichen Bündnis verschmolzen, geradezu legiert sind, wird vollständig durchgekoppelt, so: Arbeiter-und-Bauern-Staat! Und bei der Mauer handelt es sich nicht um eine Mauer, sondern um den antifaschistischen Schutzwall, Genossen! Synonyme sind nicht vorgesehen, auch nicht aus stilistischen Gründen.

Der 9. September ist ein Sonnabend. Ich bin schon seit Tagen nervös und ungeduldig, denn ich möchte mir endlich das neue Programm ansehen, das am vergangenen Mittwoch Premiere gehabt hat. Bis 12 Uhr 30 zeige ich Präsenz in Magdeburg, dann starte ich mit der Bahn Richtung Leipzig.

Vom Hauptbahnhof aus sprinte ich, am *Spötterkeller* vorbei, zum Buch-Messehaus am Markt. Hier schiebt Helene, um ein paar Mark nebenbei zu verdienen, in der zweiten Etage ein Imbißwägelchen. Eben will sie einem Kunden eine Flasche Margon-Wasser in die Hand drücken, da bemerkt sie mich.

Erstarrt. Wird weiß wie die Wand. Die Flasche rutscht ihr aus der Hand und zerschellt. Verlegen umarmt mich meine Liebste, dann bedient sie hastig den Kunden und wischt in aller Eile den Fußboden trocken. Mißtrauisch blickt sie sich um und flüstert: »Das neue Programm ist verboten! Heute früh sind alle verhaftet worden – Peter, Schnafte, Alba, Rolf, alle ... Quatsch, nicht alle, nur die vier!«

Nur die vier ...

Die Nachricht trifft mich wie ein elektrischer Schlag. Schweigend blicke ich die Reihen der Messestände entlang. Alles sieht aus wie immer. Große, kleine, östliche, westliche, berühmte und weniger berühmte Verlage. Das übliche Gewimmel. Lektoren, Buchhändler, Dichter, Leser schlendern hierhin und dorthin, als wäre nicht das geringste geschehen.

Was soll man sagen, wenn man sprachlos ist ... »Gute Zeiten für Satire«, sage ich. »Und schlechte für Satiriker«, flüstert Helene. Sie streicht mir flüchtig über die Wange. Fürchtet sie etwa, daß auch ich abgeholt werden könnte? Tapfer deute ich ein Lächeln an: Keine Bange, ich kenne ja nicht mal das komplette Programm. Sie war auf der Generalprobe, schon der Gedanke daran regt sie auf, am liebsten möchte sie jetzt gleich davon erzählen, doch ständig stören uns Kunden, die Kaffee und belegte Brötchen verlangen, davon also später, später!

Unser Schaukasten vor dem Eingang zum *Spötterkeller* ist leer. Verschwunden der Slogan: »Ein guter Rat – Rat der Spötter!« Plakate, die vor Tagen noch auf das neue, sensationelle Programm »Wo der Hund begraben liegt« hingewiesen haben, sind restlos entfernt. Die geweißte Wand des Treppenhauses, das zum Keller hinunterführt, wirkt ungewohnt grau und trist. Noch vor wenigen Tagen hingen hier großformatige Porträtfotos der jugendlichen Künstler. Im spärlich beleuchteten Keller hocken, wie bestellt und von den zuständigen Organen nicht abgeholt, die Hinterbliebenen und rauchen.

Was ist passiert?

Was passiert ist, hat in seiner ganzen Tragweite offenbar immer noch keiner kapiert; es ist schwer, so dumm zu denken wie Paul Fröhlich. Was die Spötter nicht begreifen wollen, ist vor allem dies: Karl Marx hat den Sozialismus für die ganze Welt erfunden, Walter Ulbricht für die ganze DDR, Paul Fröhlich aber, der SED-Bezirkschef, für den Bezirk Leipzig, den Bezirk der Giganten, der sich über mehr als 100 Millionen Millimeter hinzieht von Lützschena bis Westewitz-Hochweitzschen. Leipzig, meinen die Spötter in ihrem schlichten Geschichtsverständnis, sei immer Bürgerstadt gewesen und niemals Residenz eines Feudalherren. Aber! Trifft dies unter der Ägide Pauls des Ersten noch zu?

Hans Mayer, der berühmte Germanist, behauptet in seinem Buch »Der Turm von Babel«, Fröhlich sei weder Kommunist noch Sozialist, sondern bloß ein ehemaliger Feldwebel der Wehrmacht, und sein Hobby sei es, die Intellektuellen zu hassen. Was, möchte Mayer ihn am liebsten fragen, sagen eigentlich Sie als Unbeteiligter zum Problem der Intelligenz?

Goldener Humor zeichnet ihn aus, den Feldwebel mit dem fröhlichen Namen, und Satire ist ihm nicht fremd. In der *Leipziger Volkszeitung* berichtet er von einem KPdSU-Parteitag in Moskau, dem er als Gast beiwohnen durfte. »Genosse Nikita Sergejewitsch Chrustschow«, schreibt Fröhlich, »rief in seiner bedeutsamen Rede die sowjetischen Werktätigen zu neuen, noch gewaltigeren Arbeitsleistungen und eiserner Sparsamkeit auf, und als wir am selben Abend den Moskauer Staatszirkus besuchten, trat in Auswertung dieser Rede der bekannte Clown Popow schon mit einem Ruhekissen und einem großen Löffel in die Arena, das heißt, innerhalb weniger Stunden griff dieser Künstler auf seine Art bereits satirisch in die Diskussion ein, auch ich habe tüchtig gelacht …«

Es darf also gelacht werden.

Aber!

Nach vorn!

Paul Fröhlich ist es nach dem 13. August mit politischer, juristischer und sprachlicher Härte gelungen, seine Sachsen ruhigzustellen, kann er sich da etwa schon drei Wochen später das Erreichte wieder kaputtmachen lassen? Sagen Sie selbst, kann er drei Wochen nach Errichtung des Antifaschuwa zulassen, daß ein paar Spaßvögel ausgerechnet auf der international so renommierten Leipziger Messe, vor den Augen der westlichen Welt quasi, ein halbseidenes Programm aufführen, das überhaupt noch keiner kennt? Wachsamkeit ist geboten!

Die Parteileitung der Universität residiert in der Ritterstraße, in unmittelbarer Nachbarschaft des Rektors. Genosse Klaus Höpcke ist Sekretär für Agitation und Propaganda und hat von Sodann Mitte August den größten Teil der Texte entgegengenommen, leider aber noch keine Zeit gehabt, die Szenen zu lesen. Das liegt am Studentensommer. Höpcke bereist ein Studentenlager nach dem anderen, und zwar mit dem Auftrag, der jungen Generation die Notwendigkeit der Grenzsicherungsmaßnahmen zu erläutern, was nicht leicht ist, genauer gesagt, unmöglich. Höpcke muß fleißig umfangreiche Berichte über Stimmungen und Meinungen verfassen und kommt, weil er soviel schreiben muß, kaum zum Lesen.

Universitätsparteisekretär Hans-Joachim Böhme findet Höpckes Berichte zwar gediegen formuliert, zugleich aber reichlich konziliant; was ihnen vor allem fehlt, ist die nötige »jakobinische Härte«. Die Unklarheiten der Studenten, meint auch Gottfried Handel, Sekretär für Wissenschaft und Bildung, müßten schärfer gesehen werden, und Handels Wort gilt viel in der UPL. Er ist studierter Philosoph und hat sich seine Sporen beim Klassenkampf gegen die revisionistischen Thesen des Abweichlers Ernst Bloch sauer verdient. Ernst Bloch hatte sich zu der konterrevolutionären These verstiegen, die Klassiker hätten offenbar ganz vergessen, in den Klassenkampf eine Sicherung einzubauen, die die Diktatur des Proletariats nicht unversehens in eine Diktatur des Parteiapparats umschlagen läßt.

Für Gottfried Handel ist es kein Zufall, daß die Wissenschaften weiblichen Geschlechts sind – die Philosophie, die Physik, die Mathematik ... Der Marxismus-Leninismus dagegen ist nicht nur allmächtig, weil er wahr, sondern auch weil er männlich ist! Er muß männlich sein; denn seine Bestimmung ist es, die restlichen Wissenszweige zu befruchten.

Am Vormittag des 5. September empfängt Klaus Höpcke in der Ritterstraße die drei Spöttergenossen Peter Sodann, Heinz-Martin Benecke und Manfred Albani. Höpcke hat die Szenen inzwischen gelesen. Er will und kann aus seinem Herzen keine Mördergrube machen. Sein Eindruck: So geht's nicht! Die Konzeption des ganzen Programms ist solala. Mit dem Titel ist er auch nicht glücklich. Die Geister, der Totengräber, die Friedhofsstimmung, all das ist nicht sein Fall, gerade jetzt, in dieser politischen Situation! Es muß gestrichen werden und geändert, und schnell muß es gehn, denn in wenigen Stunden soll ja schon Generalprobe sein.

Die Szene mit Sherlock Holmes und Dr. Watson, sagt er, könne er beim besten Willen nicht verteidigen. Na, hört mal! Einer, der sich über einen Zwischenruf in der Volkskammer zu Tode wundert! So was hat doch mit der Realität nicht das geringste zu tun. Unterstellt eure Pointe etwa, Zwischenrufe in der Volkskammer wären wünschenswert, vielleicht sogar Gegenstimmen und Opposition? Soll unser sozialistisches Parlament eine Schwatzbude werden wie der Bonner Bundestag? Entscheidung: Szene ja, Schlußpointe nein!

»Versteh ich nicht«, sagt Sodann.

»Wieso verstehst du das nicht?«

»Weil ich es nicht verstehen kann! Ohne Pointe ist die Szene doch kompletter Blödsinn.«

»Seh ich nicht so, Peter. Euch fällt es doch nicht schwer, einen neuen Schluß zu erfinden.«

Sodann, heftig: »Welchen hättest du denn gern?«

»Zum Beispiel: Eine Leiche wundert sich zu Tode …«

Na, da! Da müssen alle so recht von Herzen lachen.

»Noch mal, Peter: Ihr könnt doch Holmes und Watson sich zu Tode wundern lassen über … meinetwegen über die Politik der SPD, das wär's doch …«

In der SED-Kreisleitung der Universität finden Böhme und Handel den schonenden Umgang des Genossen Höpcke mit den Spöttern unangemessen, gerade jetzt, in dieser politischen Situation. Sein Urteil über das neue Programm finden sie extrem weitherzig und versöhnlerisch, so daß man sich ernstlich fragen muß, Genossen, ob es zweckmäßig ist, ausgerechnet den Genossen Höpcke zur Generalprobe des »Rates der Spötter« zu delegieren, die ja schon für denselben Abend vorgesehen ist. Sollte nicht besser der Genosse Handel diesen Termin wahrnehmen? Schließlich ist eine Generalprobe mehr als nur eine Generalprobe. Sie ist zugleich die Abnahme! Die Abnahme ist unverzichtbarer Bestandteil der Lenkung und Leitung kultureller Prozesse, und bei dieser Gelegenheit sollte den Damen und Herren Künstlern endlich mal einer klarmachen, daß die Abnahme kein Beschönigungsbegriff ist, kein Euphemismus, wie manch einer insgeheim zu meinen scheint, sondern ein kulturpolitischer Terminus technicus, mit anderen Worten: Die Abnahme ist keine Zensur, das muß klar sein, Genossen!

Die Abnahme ist weiterhin keine einsame, schon gar keine willkürliche Entscheidung eines einzelnen Verantwortungsträgers. Ein Schwarm von Funktionären der FDJ-Kreisleitung und der Kulturkommission begleitet Gottfried Handel auf seinem schweren Gang in den Untergrund des *Spötterkellers*. Jeder von ihnen weiß bereits: Das neue Programm heißt »Wo der Hund begraben liegt« und muß unbedingt verboten werden. Ist nicht schon der Titel eine Anmaßung?! So ein Programm, Genossen, muß man sich ganz genau ansehen! Den Zwischentönen nachlauschen! Auf das Nonverbale achten, darauf ganz besonders. Es wäre nicht das erste Mal, daß Kabarettisten ihren schriftlich fixierten Text durch das Nonverbale ins direkte Gegenteil umtricksen.

Dies ist die Stunde der Wachsamkeit.

Für Helene ist es die Stunde der Vorfreude. Sie hat im Buch-Messehaus ihr Imbiß-Wägelchen eine halbe Stunde früher in die Ecke gestellt. Auch Rolf Herschels Frau Elke ist da, auch sie festlich gestimmt und gespannt auf das neue Programm.

Die meisten Spötter ahnen wenig vom Vor-Urteil der Abnahmekommission. Um die Spielfreude nicht unnötig zu trüben, unterrichtet Sodann die Gruppe über das Gespräch mit Höpcke nur kurz und oberflächlich. Am Nachmittag taucht im Keller – zufällig – der Gernot P.* auf, ein Student vom Franz-Mehring-Institut. Er fühlt sich den Spöttern stark verbunden und hat von irgendwoher läuten gehört, daß sich die verantwortlichen Stellen der Universität mit dem neuen Programm nicht so recht anfreunden könnten.

Sodann winkt ab: »Kritisieren, das könnse, aber Ahnung hamse keene!«

Zum Beweis drückt er dem Gernot den Hefter mit den Texten in die Hand. Der Gernot blättert und liest darin, schüttelt den Kopf und klappt das Textbuch zu. Er ist enttäuscht und traurig. »Das Programm ist feindlich«, sagt er, »mal angenommen, ich hätte zu bestimmen, ich würde es verbieten. Auf der Stelle!«

Zum Glück hat nicht der Gernot zu bestimmen, und Bangemachen gilt nicht. Gomorrha ergänzt das Programm um eine Szene gegen den westdeutschen Militarismus und um den Blackout »Schmalzfleisch«, der die mancherorts noch bestehenden Versorgungsschwierigkeiten in der DDR parteilich auf Hamsterkäufe zurückführt. Und er streicht zwei Szenen, die Höpcke ihm ausgeredet hat, darunter die DEFA-Szene mit ihren komikträchtigen Unteragenten, Oberagenten, Traktoristen und Parteisekretären, die allesamt so hinreißend in Knittelversen reden:

> Wo Arbeiter und Bauern wachen,
> da haben Agenten nichts zu lachen …

Daß Gomorrha diese Szene opfert, ruft den Protest der Gruppe hervor. Rolf schlägt die Hände überm Kopf zusammen: Wenn die DDR-Szenen flachfallen, macht das ganze Kabarettspielen doch überhaupt keinen Spaß mehr! Nun wird Spielen speziell von ihm gar nicht verlangt, er ist der Mann hinter den Kulissen, der Grafiker und Bühnenbildner, wacht aber ehrgeizig darüber, daß unsere künstlerischen Ansprüche nicht noch weiter sinken.

Hin und wieder fährt er nach Westberlin. Hier hat er bis vor kurzem noch für die »Werbeorganisation Kuckey« kleinere

Aufträge ausgeführt, Arbeit, unter seinem künstlerischen Niveau zwar, aber immerhin für Geld der besseren Sorte. Sein jüngstes und vorläufig letztes Werk ist der Entwurf für eine NIVEA-Werbewand in Ku'dammnähe. Nach getaner Arbeit taucht er ab in die *Badewanne*, in den angesagtesten Jazzkeller von ganz Westberlin. Heiß beneide ich ihn darum. Auch meine musikalischen Favoriten sind der Duke, der King, Satchmo und das Modern Jazz Quartett, allerdings muß ich – beide Ohren tief im Radio versenkt – mit der »Stimme Amerikas« vorliebnehmen: Jazz Hour, jeden Abend um neun, »Willis Connover speaking ...«.

Rolf ist angeblich auch im Brecht-Theater willkommen, wo er, wie er behauptet, mit Ruth Berlau stundenlange gelehrte Gespräche über den V-Effekt und das »Kleine Organon« des Meisters führt; ihm, Rolf, muß also keiner erzählen, was gutes Kabarett ist, »Kabarett kann nur gut sein, wenn es subversiv ist, sonst ist es nämlich Scheiße ...«.

Gemeinsam mit Sodann versuchen HaEm und Alba die Aufregung der Gruppe auf den bevorstehenden Auftritt zu lenken, und dann geht es auch schon los: Das Licht im Saal verlischt. Der Vorhang öffnet sich. Auf der schummrigen Bühne ein Grabstein. Der kahle Ast einer Trauerweide. Rabengekrächz. Hundegebell. Zwölfmal schlägt blechern ein Glöckchen. Am Flügel phantasiert Ruckhäberle hemmungslos in Moll. Alles ist so maßlos traurig. Auftritt Totengräber. In wehenden weißen Laken schweben die Geister ein ...

In diesem Augenblick schwebt auch die leicht verspätete Renate Richter ein. Still setzt sie sich in die letzte Reihe und bricht beim Anblick des in ihr Bettlaken gehüllten Geistes HaEm in albernes Gelächter aus.

Unbekannte aus den vorderen Reihen drehen sich ärgerlich um. Renate blickt in versteinerte Gesichter, und ihr fällt auf, daß nur sie allein zu lachen wagt. Daraufhin verstummt auch sie, und die Darbietung kann ohne weitere Störungen über die Bühne gehen.

Sherlock Holmes und Dr. Watson finden einen Toten. Todesursache, festgestellt durch Holmes: »Hat sich zu Tode gewundert!« Watson-Frage: »Worüber?« Sherlock Holmes: »Die SPD macht eine selbständige Politik!«

Eine rätselhafte Pointe, unverständlich für alle, die beim vormittäglichen Gespräch mit Höpcke nicht dabeisein konnten, andererseits parteilich einwandfrei und frontal gegen die Bonner Ultras gerichtet. So schön geht es leider nicht weiter. Es folgen Darbietungen, in denen am laufenden Band Bauarbeiter, Genossenschaftsbauern und Kulturschaffende beleidigt werden; skrupellos wird die Stimme Walter Ulbrichts nachgeäfft, und zu allem Überfluß erscheinen auch noch zwei Klavierstimmer, die unter den Flügel kriechen und »von unten« die sozialistische Demokratie mit feindlichen Redensarten belegen.

Die Abnahmekommission läßt das, was ihr hier als Programm zugemutet wird, diszipliniert über sich ergehen. Mitunter hört man den einen, dann den anderen wachsam schnaufen. Pointen, die Lacher hervorkitzeln sollen, werden mit kritischem Gemurmel quittiert. Sodann glaubt das Wort »kunterbunt« herauszuhören. Oder ist es das Wort »konsterniert«? Oder »Kontraindikation«? Nichts von alledem. Das Wort, das die Mitglieder der Abnahmekommission erhitzt, heißt »Konterrevolution«. Es wird laut und lauter ausgesprochen, je länger die Vorstellung dauert, und von Zeit zu Zeit durch emporgereckte Fäuste gestisch unterstrichen.

Unsere Gäste sind von ihrem FDJ-Studentenkabarett »maß!los!« enttäuscht, nicht nur politisch, auch künstlerisch. Was sie da mit ansehen müssen, ist »em!pö!rend!«. Woher nehmen diese sogenannten Kabarettisten die Frechheit, ein solches Programm überhaupt zu Ende zu spielen?!

Die letzten Takte des Finales verklingen. Gespannte Stille breitet sich aus. Im Saal geht das Licht an. Finster blickt die Abnahmekommission. Der Geheime Informant Heinz Werner notiert in seinem Bericht für die Nachwelt: »So sieht die Konterrevolution aus! Beschämend! Ekelerregend! Künstlerisch völlig schwach. Selbst Szenen, die angeblich gegen den westdeutschen Militarismus gerichtet sind, bleiben auf halbem Wege stecken und schlagen teilweise ins Gegenteil um ...«

Die Atmosphäre ist so frostig, daß es nicht einmal von den Liebchen der Spötter Schlußbeifall gibt. Gottfried Handel steht auf, räuspert sich und sagt sachlich, wenngleich mit bebender Stimme: »Bevor ich über das spreche, was wir da eben gesehen haben, Genossen, möchte ich uns alle kurz daran erinnern, welche Aufgaben der ›Rat der Spötter‹ als zentrales politisches Kabarett der Karl-Marx-Universität hat. Aufgabe des ›Rates der Spötter‹ ist es, das unmenschliche Wesen des Imperialismus, vor allem der herrschenden Kreise in Westdeutschland, darzustellen!« Verschlossene Mienen der Spötter.

Den älteren Semestern kommt eine fast schon verdrängte Veranstaltung in den Sinn, bei der eine fröhliche Volkskunstschar der Sicherheitsorgane auftrat, die sich gleichfalls Kabarett nannte und ein Programm bot, wie es dem Genossen Handel in diesen schweren Zeiten vorschweben mag. Offen, ehrlich und ohne jene Heimlichtuerei, die dem Ministerium für Staatssicherheit mitunter nachgeredet wird, bekannten sich diese fortschrittlichen Volkskünstler im Eröffnungslied freimütig zu ihrer Herkunft: »Guten Abend, wir kommen von der Staatssicherheit, von der Staatssicherheit, von der Staatssicherheit ...« Und politisch ließen sie gleichfalls nichts anbrennen:

Von der Oder bis zur Neiße,
faßt alle neuen Mut!
Kapitalismus Scheiße,
Sozialismus gut ...

»Aufgabe des Kabaretts ist es«, hebt Gottfried Handel hervor, »die historische Überlebtheit des Imperialismus zu zeigen, dabei aber zugleich die Überlegenheit des Sozialismus, dies natürlich nicht, ohne bürgerliche Schwächen zu verlachen, die uns noch hemmen auf unserem Weg in ein besseres Morgen ...«

Die Spötter reiben sich Augen und Ohren.

Sie scheinen in der falschen Veranstaltung zu sein.

Wenige Wochen zuvor noch haben sie sich zusammengerissen und im Westen die gute Sache verfochten. Für wen? Für diesen wild gewordenen Agitator? Die Diskussion zieht sich hin; denn die Spötter sind uneinsichtig. Aufgeregt tragen sie vor, was sie für Gegenargumente halten. Mit Tränen in den Augen erinnert Sodann daran, daß er sich erst vor wenigen Tagen bereit erklärt habe, den um ihre Freiheit ringenden kubanischen Genossen zu Hilfe zu eilen und an der Seite Che Guevaras mit der Waffe in der Hand die Revolution gegen den amerikanischen Imperialismus zu verteidigen.

Kuba aber ist ein ganz anderes Thema, Kuba ist weit, erst einmal geht es um Leipzig – hic Rhodus, hic salta, wie die alten Römer sagen. Gottfried Handel ist an diesem Abend von allen Komikern der beste, und die Wirklichkeit ist, wie immer, wenn sie mal so richtig Ernst macht, komischer als alle Satire. Handels Fazit: »Das Programm, das wir soeben mit ansehen mußten, Genossen, wird in der vorliegenden Form nicht aufgeführt werden. Es ist politisch falsch, schlimmer, es ist eine konterrevolutionäre Sauerei!«

Rolf Herschel hält es nicht auf seinem Stuhl. Mit ausgestrecktem Arm weist er hinauf zu seinen Sgraffito-Göttern mit Zeus an der Spitze, der im Begriff ist, einen Blitz zu schleudern, der übrigens dem Blitz auf dem weit verbreiteten gelben Warnschild *Vorsicht, Hochspannung!* ähnelt. »Hier soll doch gleich«, brüllt Rolf, »das Donnerwetter reinschlagen!«

Sodann gelingt es, ihn zu beruhigen, wenn auch nur mit Mühe. »Lautstärke ist kein Argument«, sagt Gottfried Handel und fährt unbeeindruckt mit seiner Einschätzung fort. »... und das eine sag ich euch, Sportsfreunde: Ihr könnt von Glück sagen, daß den Arbeitern, auf deren Kosten ihr studieren durftet, dieses ... nun ja, dieses Programm erspart bleibt! Anständige Arbeiter, die würden euch, wißt ihr, was die euch würden, die würden euch links und rechts ein paar hinter die Löffel hauen!«

Albani ist, verglichen mit Herschel, der cholerischere Choleriker. »Jetzt reicht's mir aber«, brüllt er, »erst die Konterrevolution und dann auch noch Ohrfeigen!«

Mit den geballten Fäusten voran versucht Alba, Handel zu züchtigen. Gomorrha, Schnafte und HaEm stellen sich schützend vor den Sprecher der Abnahmekommission.

»Keine Gewalt«, sagt Schnafte, »immer mit der Ruhe! Und Frieden auf Erden!«

Feindselig schweigen beide Parteien sich an.

In diesem Augenblick trudeln mit den Worten »Servus, Leute!« zwei frohgelaunte Pfeffermüller in die Arena, Edgar Külow, mit Parteiabzeichen am Revers, und Hanskarl Hoerning. Sie deuten einen Jodler an und wollen den Spöttern theatralisch um den Hals fallen und zu einer gelungenen Generalprobe gratulieren. Sodann winkt ab. Niemand erwidert den albernen alpinen Gruß, der in der Leipziger Tiefebene merkwürdig deplaziert wirkt.

»Wir sind hier gerade in einer sehr konstruktiven Diskussion«, sagt Gottfried Handel betont ungastlich, »daher muß ich Sie leider bitten, meine Herrn, den Raum auf schnellstem Wege zu verlassen!« Sein wegweisend ausgestreckter Arm zeigt in Richtung Ausgang.

»Wir dachten ja nur ...«, stammelt Hoerning.

Sodann winkt ab.

Külow zuckt die Schultern: »Na, dann ...«

Auf leisen Sohlen machen die Pfeffermüller sich aus dem Staub.

»Holt sie zurück«, verlangt Herschel, »das sind doch Profis, das sind doch die Fachleute, die haben mehr Ahnung vom Kabarett als ihr alle zusammen!«

Külow und Hoerning beschleunigen ihre Schritte, und Gottfried Handel faßt zusammen: »Das Programm ›Wo der Hund begraben liegt‹ basiert auf einer feindlichen Grundkonzeption und ist nicht entscheidend verändert worden, obwohl genau dies dem Genossen Höpcke fest versprochen war. Das Programm richtet sich gegen die Partei und auch gegen den Staatsrat, vor allem gegen seinen Vorsitzenden, den Genossen Walter Ulbricht. Das Programm wird in dieser Form nicht aufgeführt werden. Ein neues Programm wird erarbeitet, und zwar nach intensiver Klärung der Grundfragen, guten Abend!«

Zurück bleibt ein ratloser »Rat der Spötter«. Zuspruch kommt nur von Gernot P., Student am Franz-Mehring-Institut. Er mag seine Spötter in dieser schweren Stunde nicht allein lassen. Er weiß: Sie haben es nicht bös gemeint. Sie haben erst kürzlich in Marburg den »Gegner« abblitzen lassen, das war Klassenkampf vom feinsten, das hätte der Genosse Handel nicht besser gekonnt, vielleicht nicht mal der Genosse Fröhlich.

Helene, von soviel organisierter Spontaneität erschüttert, will nur noch nach Hause. KaEm Ruckhäberle, der das Programm toll findet, war eben noch darauf gefaßt, für seine Musik gelobt zu werden, um so weniger kapiert er das Todesurteil für das Programm. Die Spötter, soviel weiß er, sind allesamt rote Socken, röter geht's gar nicht, und Sodann ist mit Abstand der Röteste!

Gomorrha, HaEm und Alba glauben die Krise ohne zwei, drei Liter Sternburg-Pils einfach nicht bewältigen zu können. Sie verziehen sich ins Café am Hochhaus, und weil Alba dabei ist, ist Elfriede dabei, und in der Stunde der Not mag auch der Gernot nicht durch Abwesenheit glänzen. Die Biertischgespräche drehen sich ausschließlich um das verbotene Programm. Wild gestikulierend versichern sich die Spötter gegenseitig immer aufs neue, daß sie keine Konterrevolutionäre seien, und immer wieder verlieren sie, wie dem Gernot auffällt, das Wesentliche aus den Augen; statt selbstkritisch den Inhalt des Programms zu diskutieren, lamentieren sie über Formfragen, über den feindseligen Ton etwa, den der Genosse Handel wohl oder übel anschlagen mußte.

»Zum Wohl«, sagt der Gernot, um die Debatte zu entschärfen. Nichts, sagt er zuversichtlich, werde so heiß gegessen, wie es gekocht worden sei, »das Leben geht weiter, das beste ist, man schläft eine Nacht drüber und trinkt morgens einen großen Topp Kaffee, denn ohne Kaffee kann der Sachse nicht kämpfen ...«

Mit Redensarten läßt Sodann sich in dieser Nacht jedoch

nicht abspeisen. Er begleitet den Gernot nach Hause, entfesselt in dessen Wohnung eine heftige Fehlerdiskussion, die bis gegen Morgen andauert, und versteigt sich zu dem ungeheuerlichen Satz: »Ich hasse die Funktionäre, sie schaden dem Sozialismus.« Und als sei das noch nicht schlimm genug, fügt er hinzu: »Ich könnte sie alle umbringen!«

Am nächsten Morgen berät die Parteileitung der Uni das konterrevolutionäre Verhalten der Spötter und dankt dem Genossen Gottfried Handel für parteilichen Mut und beherztes Auftreten. Außerdem telefoniert Jochen Böhme, der Erste Sekretär, mit den Genossen von der Bezirksleitung und setzt in einem streng vertraulichen Schreiben seine übergeordnete Stelle von den Vorkommnissen in Kenntnis:

Werte Genossen!
Am 5. September fand in der Universitäts-Parteileitung eine Auseinandersetzung mit der Parteigruppe des politisch-satirischen Kabaretts »Rat der Spötter« über das zur Messe geplante Programm statt, das uns nach längeren Kritiken am 4. 9. zugeleitet wurde. Den Genossen vom »Rat der Spötter« wurde gesagt, daß dieses Programm nach Art des Petöfiklubs die Konterrevolution bei uns vorbereiten hilft und eine feindliche politische Linie verfolgt. Die Genossen versprachen, das Programm grundlegend umzuarbeiten.

Stattdessen aber wurde am 5. September vor einem kleinen Kreis von Genossen dieses Programm beinahe unverändert aufgeführt. Anstatt die Bonner Militaristen, die Atomkriegsvorbereitung und die fünfte Kolonne in der DDR zu entlarven, bot das Programm keine auch nur irgendwie ernst zu nehmende Geißelung der Ultras und strotzte von provokatorischen Verleumdungen gegen die Presse, die Arbeiter, einen Parteisekretär, FDJ-Funktionär, Werkleiter usw. Im Programm wird sehr oft vom Genossen Walter Ulbricht gesprochen, aber in der Endkonsequenz überheblich ihn entstellend, die westliche Hetze nicht ernsthaft widerlegend.

Die Universitätsparteileitung hat veranlaßt, daß das Programm (Premiere war für den 6. September vorgesehen) abgesetzt wird. Das begreift der größte Teil des Rates noch nicht. Die Auseinandersetzungen werden weiter geführt.

Mit sozialistischen Gruß

gez. Böhme, 1. Sekretär

Chaos im Keller. Die Premiere fällt aus! Das spricht sich in der Stadt schnell herum. Was denn, die Spötter-Premiere fällt aus? Warum? Wegen Erkrankung eines Darstellers. Nein, aus technischen Gründen! Wegen Erkrankung zweier Darsteller! Und was ist mit den Karten? Die Karten werden zurückgenommen.

Das Klima innerhalb der Gruppe ändert sich von einem Tag auf den anderen. Gestern noch auf stolzen Rossen, heute aber ist die Suche nach den Schuldigen schon in vollem Gang. Ist Gottfried Handel schuld an der Pleite? Die Partei im allgemeinen? Oder Höpcke, der sich gedrückt hat? Oder ist es höchste Zeit, all das, was sich das Fußvolk hinter vorgehaltener Hand zuraunt, endlich mal laut und deutlich auszusprechen?

Wäre diese unsägliche Pleite zur Zeit der Kabarettgründer, zur Zeit der Altspötter Pehnert, Petersdorf und Laitko vor fünf, sechs Jahren überhaupt denkbar gewesen? Gegenseitige Schuldzuweisungen setzen ein. Sodann trinkt mehr Bier als vorher. Hat es im Kabarett eine politische Führung durch die Leitung der Gruppe überhaupt noch gegeben? Und wer, bitte schön, soll denn das überhaupt sein, die Leitung? Sodann? Und wer noch? Ist Peter Sodann Leiter eines FDJ-Studentenkabaretts oder doch eher der Kleine Diktator? Ist er nicht am liebsten der von nicht enden wollendem Beifall umbrauste Komikerstar? Hat er etwa nicht dem gutmütigen HaEm, den er zum Parteigruppenorganisator gemacht hat, diesen ganzen politischen Schnulli überlassen, ja oder nein?

Moment! Diese Ansicht muß sich Sodann nun aber doch ganz energisch verbitten!

Haben sich die Spötter in ihrer Katakombe möglicherweise isoliert, vom richtigen Leben abgekapselt, nehmen sie vielleicht gar nicht mehr wahr, was draußen läuft?

Panik auf der Titanic. Jede Menge Zoff nach Jahren der Harmonie. Alle haben sich gegenseitig satt. Am besten wird sein, man taucht ein paar Tage lang im Keller gar nicht mehr auf.

Der Gernot läßt seine Spötter bei diesen Auseinandersetzungen nicht allein. »Heinz-Martin«, sagt er, »wie siehst denn du das alles? Ich finde, wir sollten gemeinsam zu retten versuchen, was noch zu retten ist.« Für eine Selbstkritik, sagt der Gernot, sei es nie zu spät, und einen Neubeginn ohne Selbstkritik könne er sich, ehrlich gesagt, nicht vorstellen. Darin mag HaEm ihm nicht widersprechen. Sodann hat bei dem Wort Selbstkritik extralange Zähne, sein Instinkt sagt ihm aber auch, daß der Gernot ein politischer Kopf ist. Und es muß ja weitergehn. Selbstkritik, Selbstverleugnung, Selbstkasteiung, so was kommt höheren Orts erfahrungsgemäß gut an. Sich das Hemd über der Brust aufreißen wie Andreas Hofer zu Mantua, warum denn nicht, wenn es hilft ...

In zähem geistigem Ringen entsteht eine Stellungnahme, die sich sehen lassen kann. Der Sinneswandel des Spötterkollektivs wird gleich im ersten Satz deutlich: »Uns ist klargeworden, daß das geplante Kabarettprogramm ›Wo der Hund begraben liegt‹ eine falsche und schädliche politische Aussage hat.«

Weitere Höhepunkte der Selbsterkenntnis lauten: »Über dem handwerklichen Eifer, ein gutes Messeprogramm auf die Beine zu stellen, hatten wir vergessen, daß es vorrangig darauf ankommt, feindliche Argumente zu zerstören. Die Gesamtaussage des Programms richtete sich nicht gegen die Hauptfeinde unserer Republik, sondern gegen uns selbst, nach gründlicher Diskussion in der Gruppe ist uns der Ernst der Kritik klargeworden, wir erkennen sie voll an und werden schnellstens ein neues Programm einstudieren, um die Scharte auszuwetzen und den dicken Hund zu begraben.«

Am Schluß der Stellungnahme spielen sie ihren Trumpf aus: »Für das neue Programm haben wir den Genossen Gernot P. vom Franz-Mehring-Institut zur politischen Unterstützung gewonnen.«

Neuerdings geht der Gernot im Kabarettkeller ein und aus. Selbstlos opfert er viele Stunden seiner kostbaren Zeit. Auch bei meinem Besuch am 9. September, einem Sonnabend, ist er anwesend, am Sonntag gleichfalls. Scharf mißbilligt er meine unbedachten Äußerungen über die Maßnahmen der Universitätsparteileitung. Er, sagt er, sei von mir enttäuscht; denn ich hielte mich offenbar für klüger als das Kollektiv der Abnahmekommission! Ich hätte doch die Bühnenfassung des verbotenen Programms überhaupt nicht gesehen, sagt er, und damit hat er recht. Mir, sagt er, wäre kaum die Hälfte der Texte bekannt, woher also nähme ich die Berechtigung, das Programm als nicht konterrevolutionär zu bezeichnen?! »Und ich finde es ganz unmöglich«, fügt er verbittert hinzu, »daß du die vorübergehende Festnahme Sodanns und der anderen ›un!mög!lich‹ nennst!«

In diesem Augenblick kreuzt Hugo auf. Warum? Der Gernot kommt allmählich ins Grübeln.

Warum setzt sich ein Redakteur in Magdeburg, warum setzt sich ein Philosophie-Assistent in Berlin auf die Bahn, um sich in Leipzig durch und durch konterrevolutionäres Kabarett anzusehen? Was steckt hinter dieser Sternfahrt der Altspötter?

Hugo kommt aus dem Mustopf. Erst im Keller hört er von den Verhaftungen. Gründe, die die Staatsmacht zum letzten Mittel zwingen, kann er sich beim besten Willen nicht vorstellen. Er hält es für möglich, genauer gesagt, für höchst wahrscheinlich, daß in den nächsten fünf Minuten ein reitender Bote des Königs eintrifft, und zwar mit der Botschaft, daß alles nur ein gigantischer Irrtum des Staatsanwalts sei.

Statt des reitenden Boten tritt Heiko Rämisch ein. Bedeutungsvoll kratzt er sich den Hinterkopf und macht ein Gesicht, als wüßte er mehr als wir alle. So ist es tatsächlich. Er persönlich, berichtet er, habe vor wenigen Stunden die Verhaftung Albas aus nächster Nähe miterlebt, als Beteiligter, zeitweilig als Verdächtigter sogar. Bis Mittag sei er unter Arrest gehalten worden, nun aber heilfroh, wieder auf freiem Fuß zu sein.

Rämisch packt aus. Kalte Schauer laufen uns über den Rücken. Die Geschichte, die er da in allen Einzelheiten vor uns ausbreitet, die gibt's in keinem Russenfilm.

Mit Heikos Studentenbude in der Brandvorwerkstraße fängt's schon mal an. Sie ist immer noch belegt von einem gut betuchten Messegast, der seine Übernachtungen in West bezahlt. Darum ist Heiko, wie es in der Messestadt Brauch ist, für die Zeit der Messe ausquartiert. Alba gewährt, mit Einverständnis seiner Wirtin Frau Poetzsch, dem Unbehausten Asyl. Morgens zwischen sechs und sieben klingelt es, dann klopft es, und ohne ein »Herein!« abzuwarten, dringen drei Herren mit auffällig gleichen grauen Anzügen ein. Sie sind überrascht, nicht eine, sondern gleich zwei verdächtige Personen vorzufinden, blicken ratlos von einem zum anderen, halten Rämisch ihre Klappausweise unter die Nase und stellen ihm pflichtgemäß die Frage: »Sind Sie Manfred Albani?«

Rämisch verneint.

Streng ergeht an Albani der Befehl: »Sie ziehen sich sofort an und kommen mit! Zur Klärung eines Sachverhalts!«

Daß die Genossen der Staatssicherheit ihre geballte Aufmerksamkeit von nun an unverhüllt Albani zuwenden, kränkt Heiko dann aber doch ein wenig. Er setzt sich in seinem Bett auf und fragt: »Soll ich mich vielleicht auch anziehen?«

Dieses Angebot stürzt die Besucher in Verlegenheit. Zwei von ihnen ziehen sich in den Korridor zurück und betuscheln den Vorschlag, der dritte beaufsichtigt währenddessen Manfred Albanis Morgentoilette. Auch Heiko darf sich ankleiden. Sein Personalausweis wird mit größter Sorgfalt durchblättert, gegen das Morgenlicht gehalten und auf einem kleinen runden Tisch abgelegt.

Zwei der drei Männer begleiten den schweigsamen, niedergeschlagenen Alba hinaus, der Klärung des Sachverhalts entgegen. Der dritte beaufsichtigt Heikos Morgentoilette. Dann kehrt einer zurück und erklärt, nun müsse erst einmal an geeigneter Stelle geprüft werden, ob er, Heiko Rämisch, mit der Angelegenheit etwas zu tun habe oder nicht. Bis diese Prüfung abgeschlossen sei, dürfe er den Raum nicht verlassen, könne sich aber nützlich machen und gemeinsam mit der Frau Poetzsch durch Unterschrift den ordnungsgemäßen Ablauf der Hausdurchsuchung bezeugen.

Routiniert reißen sie Schubladen auf und inspizieren Albanis Wäsche. Mit dem brennenden Interesse von Leseratten schmökern sie in seinen Büchern. Der Jüngere, Eifrigere entdeckt in den Tiefen des Bücherschranks einen Stapel kleiner roter Hefte. Die *Weltbühne*! »Man muß eben nur lange genug suchen!«

Rämisch, Student der Journalistik, erklärt ihm, daß es sich bei der *Weltbühne* um eine vom Presseamt beim Vorsitzenden des Ministerrates lizenzierte Wochenschrift handle, die jedermann an jedem Kiosk der DDR kaufen könne. Selbstverständlich wisse er das, sagt der Genosse von der Staatssicherheit, sie suchten aber ja nicht nur nach Belastendem, wie Rämisch offenbar annehme, sondern ebenso nach Material, das zugunsten des Beschuldigten spreche.

Obwohl sie langsam und systematisch vorgehen, sind sie mit der Prüfung von Albas Habseligkeiten schnell fertig und setzen sich schweigend zu Rämisch an den runden Tisch, auf dem noch immer der Ausweis liegt.

Sie scheinen einer umfassenden Schweigepflicht zu unterliegen und Nichtstun gewohnt zu sein.

Es ist ein unbehagliches Schweigen, darum tritt Heiko Rämisch die Flucht nach vorn an. Weil der Tisch so schön rund sei, sagt er, und sie durch die Gunst des Zufalls nun schon mal zu dritt seien, könnten sie ja »zur Überbrückung« eigentlich auch ein paar Runden Skat spielen, natürlich nicht um Geld, sondern um die Ehre und natürlich nur, wenn ihre Arbeitsordnung nicht dagegen spräche.

So geschieht es, und Heiko ist pfiffig genug, auch mal einen unverlierbaren Grand Hand zu vergeigen. Es ist fast Mittag, als ein Kollege seiner Skatfreunde zurückkehrt; er gibt Entwarnung. Gegen den Rämisch, Heiko liegt nichts vor. Hastig springen die beiden auf, mitten im Spiel.

Die roten Heftchen, das Entlastungsmaterial, vergessen sie in der Eile. Schade.

4
Herrliches Land

Laut Auftra dep Abteilung V soll der Herschel, Rolf am 9. September, 7 Uhr früh offiziell festgenommen werden. Pünktlich begeben sich drei Mitarbeiter der Festnahmegruppe zu seiner Wohnung. Nach zweifachem Klingeln öffnet die Frau des Herschel und versichert, daß ihr Mann nicht zu Hause und auch in den vergangenen Tagen immer erst vormittags gegen elf Uhr erschienen sei. Daraufhin besetzen zwei Mitarbeiter die Wohnung, zwei weitere Mitarbeiter nehmen im Wagen, der circa fünfzig Meter von der Haustür entfernt steht, die Beobachtung auf. Um 11 Uhr 55 kehrt der Herschel nach Hause zurück. Bevor er die Haustür öffnen kann, wird er von einem Mitarbeiter angesprochen und aufgefordert, in den Wagen, der in diesem Moment vorfährt, einzusteigen.

Bei Sodanns Wirtin Charlotte Liebing klingeln sie schon halb sechs, lange vor dem Aufstehen, und lassen Sodann von da an keine Sekunde mehr aus den Augen, nicht beim Zähneputzen, nicht beim Pissen, nicht beim Popeln. Der Häftling macht einen gefaßten Eindruck. Zügig komplimentieren sie ihn in ihre geräumige schwarze Zuführungsdroschke der Marke EMW.

Dieser Wagen hat vom Standpunkt der Sicherheitsorgane den Vorzug, daß sein Rücksitz drei Fahrgästen ausreichend Platz bietet, wobei der Ehrenplatz in der Mitte dem Häftling gebührt, die Fensterplätze sind den Genossen der Festnahmegruppe vorbehalten. Für Schnafte bedeutet diese Sitzordnung während des Transports eine gewisse Stabilisierung. Er hat am Vorabend auf dem Nachhauseweg noch schnell einen Blick in die Regina-Bar geworfen. Wen trifft er da? Die Henne! Helga Hahnemann, die neugierig nach dem Stand der Dinge fragt. Daher wird es spät, und Schnafte Seidel tritt die morgendliche

Fahrt verkatert an, mit brennendem Durst, den zu löschen seine Begleiter nicht bereit sind. Das fehlte noch! Das ganze Auto stinkt nach Fusel!

Die Fuhre mit dem Beschuldigten Sodann an Bord juckelt gemächlich durch das erwachende Leipzig, konspirativ und scheinbar ziellos, links um die Ecke rum, rechts um die Ecke rum. Nach einer Fahrt von fast zwei Stunden liefert die Festnahmegruppe den Zuzuführenden in der Untersuchungshaftanstalt Beethovenstraße ab, in der »Wächterburg«, wie der Volksmund die U-Haftanstalt des MfS liebevoll nennt.

Nach all dem Gerede von Konterrevolution hat Sodann zwar das Beste gehofft, insgeheim aber schon mit seiner Festnahme gerechnet. Im Bewußtsein seiner Unschuld gibt er sich ruhig und gelassen, auch noch, als ihn ein Unteroffizier in steingrauer Uniform in eine Zelle steckt. Hier muß er sich ausziehen: »Gesicht zur Wand! Und Klamotten runter, zack-zack!« Leibesvisitation steht auf dem Programm: »Gommse, gommse! Bücken! Arschbacken auseinander!« Eine Goldene Aufbaunadel wird sichergestellt, Bargeld im Wert von 19 Mark 11, eine Fahrerlaubnis mit Berechtigungsschein und ein SED-Parteibuch Nr 1229117.

Der Unteroffizier reicht dem Zugeführten ein verwaschenes blaues Hemd, eine lange Unterhose, eine aschgraue Militärhose, grauwollene Socken und ein Paar kamelhaarfarbener, zerlatschter Hausschuhe: »Anziehn, zack-zack!«

Der Zugeführte, eben noch scheinbar die Ruhe selbst, blickt mit großen Augen ungläubig an sich herunter und wieder an sich herauf. Ihm ist zum Heulen. Von aller Welt verlassen, verhaftet von den eigenen Leuten, überläßt der schwarze Gomorrha sich seinen heißen Tränen. Dann packt ihn die Wut.

In der Stadt Leipzig wird die ganze abscheuliche Wahrheit über den »Rat der Spötter« bekanntgemacht. Der *Spötterkeller*, Genossen, war ein Sündenpfuhl. Orgien und sexuelle Exzesse am laufenden Band! Sogar Waffen sollen gefunden worden sein …

»Mit Empörung«, so die Stellungnahme des Akademischen

Orchesters der Karl-Marx-Universität, »erfuhren wir, daß sich in unser Studentenkabarett ›Rat der Spötter‹ republikfeindliche Elemente eingeschlichen haben, die unter der Maske der Satire offene Angriffe gegen Partei und Regierung zu starten versuchten. Wir verurteilen diese Umtriebe auf das schärfste ...« – »Mit großer Empörung haben wir vom konterrevolutionären Auftreten des ehemaligen ›Rates der Spötter‹ erfahren«, so die Stellungnahme des Louis-Fürnberg-Ensembles. »Wir fordern strenge Bestrafung der Provokateure! Diese Vorkommnisse sind für uns Anlaß, unsere politisch-künstlerische Haltung gründlich zu überprüfen und im Ernteeinsatz vorbildlich um die schnelle und verlustlose Bergung der Kartoffeln zu ringen ...«

»Alle Mitglieder des ›Rates der Spötter‹, die an der Erarbeitung dieses Programms beteiligt sind«, so die Erklärung der FDJ-Kreisleitung, »haben das Recht verwirkt, an unserer Universität zu studieren. Wir bauen ein neues Kabarett auf, dessen Mitglieder die Satire als scharfe Waffe der Arbeiterklasse nutzen ...«

In Leipzig ist der Teufel los.

Am »Roten Kloster« findet eine Versammlung der SED-Grundorganisation statt. Spötter von der Journalistenfakultät, die der Partei angehörten, sind schon vor Tagen mit Schimpf und Schande und überwältigender Einstimmigkeit ausgeschlossen worden. Klaus Höpcke, Stellvertreter des Ersten Sekretärs der Universitätsparteileitung, wertet in einem leidenschaftlichen Diskussionsbeitrag die Vorkommnisse aus und stößt dabei in staatspolitische Dimensionen vor. »Man muß schon sehr phantasiebegabt sein«, erklärt Höpcke, »um irgendein Gebiet unseres Lebens auszumachen, das sie nicht mit Schmutz beworfen haben. Die sogenannten Spötter, man möchte schon eher sagen: die Kellerasseln«, so Höpcke, hätten, mit den Pfeffermüllern gemeinschaftlich handelnd, dem westdeutschen Militarismus in die Hände gearbeitet. »Das Ganze war ein fest eingeplantes Unternehmen im Kampf um die Bürgerkriegsvorbereitung!«

Mäcki Schubert hat beim Rundfunksender Cottbus sein Jahrespraktikum angetreten und wird für ein Jahr nur noch korrespondierendes Mitglied des »Rates der Spötter« sein. Beim Sender trifft ein Telegramm aus Leipzig ein, das ihn zu einer wichtigen Veranstaltung beordert, die am 14. September pünktlich um 14 Uhr beginnen soll. Mehr als die Anfangszeit ist der Einladung nicht zu entnehmen. Mäcki fährt vom Leipziger Hauptbahnhof direkt zur Journalistenfakultät, um sich bei dieser Gelegenheit noch schnell einen Stempel in seinen Studentenausweis drücken zu lassen.

Mehrfach begegnen ihm Mitstudenten, die jedoch bei seinem Anblick überstürzt auf die andere Straßenseite wechseln. Gute Bekannte, Freunde gar, wollen weder ihn grüßen noch von einem Menschen wie ihm gegrüßt werden, sie wollen mit ihm nicht mehr bekannt und erst recht nicht mehr befreundet sein.

Mäcki fährt mit der Straßenbahn zum Rektorat. An der Haltestelle Shakespearestraße steigt Franz R. zu.

»Wohin?« fragt Mäcki.

»Zum Rektor.«

»Mann, zu dem muß ich auch!«

»Kann ich mir denken«, sagt Ronneburger dunkel.

»Wieso?«

»Wir werden exmatrikuliert, Mäcki!«

Beim »Rat der Spötter« ist es gang und gäbe, daß immer mal einer verarscht und in den April geschickt wird, auch wenn es zufällig September ist. Wäre es möglich, daß Ronneburger mit Entsetzen Scherz treibt? Allzu phantastisch klingt, was er da raunt vom Verbot des neuen Programms, von Verhaftungen und harten Konsequenzen für den Rest der Gruppe. Mäcki steckt bis über beide Ohren in den Flitterwochen; erst vor vierzehn Tagen hat er in der Lausitz seine Anita geheiratet, und in der Lausitz ahnt wieder mal kein Mensch, was im fernen Leipzig los ist.

Eisig die Atmosphäre im Rektorat. Jugendfreunde im Blauhemd mit roter Armbinde eilen geschäftig hin und her – die Ordnungsgruppen der Freien Deutschen Jugend. Im Schmuck des FDJ-Hemds sind auch einige der Vorgeladenen erschienen. Sie steigen die Treppe zur ersten Etage empor und grüßen artig nach allen Seiten. Die Grüße bleiben unerwidert. Wie abstoßend Menschen doch sind, sobald sie sich als Konterrevolutionäre entpuppt haben, man war vorher blind! Auf dem letzten Treppenabsatz steht Rektor Mayer ohne Zigarre, die Hände auf dem Rücken verschränkt. Durch das Fenster starrt er hinauf in den klaren, blauen Himmel.

Tisch und Stühle im Verhandlungsraum sind so angeordnet, daß der heimelige Eindruck eines Gerichtssaals entsteht. Im Präsidium nehmen Platz: als Vorsitzender – für den erkrankten Rektor – Prof. Dr. Joswig, links und rechts von ihm ein Prorektor, Dekane, Prodekane und im blauen Hemd die Vertreter des Jugendverbands, darunter der wachsame Jugendfreund Gernot P. vom Franz-Mehring-Institut.

Die Beschuldigten sitzen auf Vordermann und Seitenrichtung arrangiert und versuchen in den versteinerten Mienen der Ausschußmitglieder zu lesen. Sie ahnen, daß es schlimm kommen wird. Aber wie schlimm? Abstreiten ist zwecklos, mit Leugnen kommt hier keiner durch.

Prof. Dr. Joswig verliest mit vor Empörung bebender Stimme ein langes Sündenregister. Die Beschuldigten, so der Vorwurf, hätten an der Vorbereitung und aktiven Durchführung eines konterrevolutionären Kabarettprogramms mitgewirkt oder davon Kenntnis gehabt, das Programm beleidige die Arbeiterklasse im allgemeinen und Walter Ulbricht im besonderen und hätte, »wäre seine Aufführung durch die Wachsamkeit der Partei und der FDJ nicht verhindert worden, eine stark zersetzende, konterrevolutionäre Wirkung in der Öffentlichkeit erzielt«.

Da es sich um ein faires Verfahren handelt, erhält anschließend jeder der Beschuldigten Gelegenheit, sich selbstkritisch zu seinen Verfehlungen zu bekennen.

Heiko Rämisch hat weder als Autor noch als Darsteller Anteil an dem Programm »Wo der Hund begraben liegt«, und das bringt er, weil es die Wahrheit ist, auch vor. Selbstverständlich fährt Professor Dr. Joswig jedem in die Parade, der versucht, sich mit billigen Ausflüchten seiner Verantwortung zu entziehen.

Der Beschuldigte Rämisch, erklärt Prof. Dr. Joswig, wolle sich nur verteidigen, es gehe aber, ganz im Gegenteil, um sein Geständnis! Was übrigens Rämisch betreffe, so habe er sich erst vor kurzem in der Pol.-Ök.-Klausur die Note Vier geleistet, die bei Lichte besehen sogar eine Fünf hätte sein müssen, und eine Fünf in Pol.-Ök. sei ein untrüglicher Indikator nicht nur für laxe Studienauffassung, sondern auch für beträchtliche »politische Unklarheiten«. Dies gelte in gleichem Maße für die Pharmaziestudentin Renate Richter, für die bezeichnend sei, daß sie die Prüfung im Fach »wissenschaftlicher Sozialismus« nicht bestanden habe.

Franz R. distanziert sich »völlig« vom Programm, er fühle sich vollständig mitschuldig, habe seit zwei Jahren alles kommen sehen und sei schließlich in die »innere Emigration« gegangen und noch vor Anlaufen des Messeprogramms ausgetreten. »Ich wurde verspottet«, klagt er, »weil ich täglich das *Neue Deutschland* kaufte!«

Das Verfahren zieht sich über Stunden hin. Die Würdenträger des Präsidiums erhalten in der Pause einen Imbiß. Die Beschuldigten gehen leer aus. Sie kriegen nichts zu essen und, weil es an diesem Spätsommertag so schön warm ist, auch nichts zu trinken.

Ausnahmslos alle sind schon am Vortag aus dem Jugendverband ausgeschlossen worden, darum haben sie nach den Gesetzen der Logik kein Recht mehr, sich weiterhin mit der blauen Ehrenbluse zu schmücken. Prorektor Dr. Möhle besteht darauf, daß die zu Unrecht getragenen Blauhemden unverzüglich ausgezogen und alle FDJ-Ausweise abgegeben werden. Renate Richter trägt das Blauhemd, aber nichts drunter. Einfallsreiche FDJ-Ordner beugen unsittlicher Entblößung dadurch vor, daß sie Renate in ihre Studentenbude und nach Herstellung der korrekten Kleiderordnung dem Disziplinarausschuß wieder zuführen.

Das Urteil, das nach der Pause ergeht, ist hart, aber gerecht. Der Ausschuß relegiert die Inhaftierten und verbannt sie für alle Zeit von der Karl-Marx-Universität Leipzig; die Anwesenden werden gemäß Paragraph 3d der Disziplinarordnung zeitweilig vom Studium ausgeschlossen, also exmatrikuliert.

In diesem Augenblick denkt Mäcki zärtlich an seinen alten Vater, der als schlecht bezahlter Pförtner tätig und mächtig stolz darauf ist, daß sein Sohn studiert und bald eigenes Geld verdienen wird. KaE Ruckhäberle ist noch keine zwei Wochen beim Kabarett und schon in hohem Bogen rausgeflogen aus der Medizinischen Fakultät. Mit Franz R. macht es sich die Disziplinarkommission nicht leicht; sie wertet die Schuld, die er auf sich geladen hat, erfreulich differenziert. Ronneburgers Verhalten und sein Anteil am Zustandekommen des Programms sei »schwerwiegend und hätte eine Relegierung gerechtfertigt. Wenn dennoch nur eine Exmatrikulation, ein zeitweiliger Ausschluß vom Studium, beschlossen wurde, so deswegen, weil seine vor dem Ausschuß abgegebene Stellungnahme die Hoffnung erweckte, daß er bald den Weg zu einem wirklich anständigen und ehrlichen Menschen findet, der auch zur Arbeiterklasse das richtige Verhältnis besitzt.«

Die Schuldigen haben Leipzig binnen vierzehn Tagen in Eilmärschen zu verlassen. Die Arbeitsämter ihrer Heimatorte werden ihnen »umgehend« Stellen in der materiellen Produktion nachweisen. Alle lassen die Köpfe hängen. Gernot P. kann das nicht mit ansehen. Er hat ein weiches Herz und lädt nach Schluß der Verhandlung Franz R. und Mäcki noch auf ein Bierchen ins Café am Hochhaus ein. »Kopf hoch«, sagt er, »das Leben geht weiter.«

Peter Sodann ist als einziger nicht Student der Karl-Marx-Universität, sondern der Theaterhochschule. Seine Hochschule hat bereits ein höchst ärgerliches Problem mit einer Sekretärin, die mit staatsfeindlichen Äußerungen über den Genossen Walter Ulbricht auffällig geworden ist. Und nun also auch noch der Sodann!

Aufgeregt diskutieren die Schauspielstudenten seine Festnahme, er habe sich, wie der Genosse FDJ-Sekretär zugeben muß, großer Beliebtheit erfreut. Die Studenten hätten sogar eine Unterschriftensammlung gegen seine Inhaftierung angekündigt. Das fehlte noch! Auf einer Parteiversammlung arbeitet Rektor Professor Kuckhoff klar heraus, daß er den Sodann nicht nur exmatrikulieren, sondern für immer rausschmeißen werde. Wenige Tage danach begründet er in seiner Eigenschaft als Vorsitzender des Disziplinarausschusses den einstimmig gefaßten Relegationsbeschluß: »Sodann mußte zum Schutze unseres Staates durch unsere staatlichen Organe in Haft genommen werden.«

Magdeburg. Am Mittwoch, dem 13. September, abends gegen halb neun klingelt es. Ich höre meine Wirtin Frau Hänsel die Wohnungstür öffnen.

»Ja, er ist zu Hause«, höre ich sie sagen.

Da sind sie! Sie sind da! Ich hab sie erwartet, allerdings im Morgengrauen. Gleich werden sie mir die Handschellen anlegen ...

Die Tür geht auf.

Helene steht auf der Schwelle.

Erleichtert umarme ich sie und lege sacht meine Hand auf ihren Bauch.

»Die sauren Gurken«, sag ich, »sind in diesem Haushalt leider vergriffen.«

Sie ist nicht in der Stimmung für blöde Scherze. Atemlos berichtet sie, daß die Spötteraffäre immer weitere Kreise ziehe. Inzwischen sei auch Heinz-Martin verhaftet worden. Als sie kamen, sei seine Mutter gerade dabeigewesen, belastende Schriften zu vernichten und im Ofen einen Quelle-Katalog zu verbrennen, der aber partout nicht brennen wollte. »Keine Sorge, Mutter, ich komm bald wieder«, hätte Heinz-Martin zum Abschied geflüstert, »ich hab nichts Unrechtes getan.«

Seit dem Besuch bei Frau Benecke, sagt Helene, halte sie alles für möglich, alles. Darum sei sie schleunigst nach Magdeburg gefahren, um sich mit eigenen Augen davon zu überzeugen, daß wenigstens ich noch frei sei. Der *Spötterkeller* sei versiegelt, an der Tür hänge das Schild »Aus technischen Gründen geschlossen«.

Sie selbst sei auf einer FDJ-Versammlung stundenlang aggressiv bedrängt worden, den »Rat der Spötter« als konterrevolutionär zu verdammen und sich speziell von mir »klar und unmißverständlich« zu distanzieren, das jedoch habe sie wütend abgelehnt, und zwar mehrfach. Der Disziplinarausschuß der Medizinischen Fakultät hat sie exmatrikuliert, auf eine unaufgeregte Weise übrigens. Weil sie Leipzig nicht verlassen will, habe sie die Gelegenheit beim Schopf gepackt und gleich gefragt: »Und wo kann ich arbeiten?« Draußen in Dösen, habe es geheißen, da würden dringend Leute gebraucht.

Darum wird sie in den nächsten Tagen eine Arbeit als Hilfskraft in der Nervenheilanstalt antreten. »Macht mir nichts aus«, sagt sie, »in einer verrückten Welt sind nur die Verrückten normal.«

Sie bleibt über Nacht.

Morgens bringe ich sie zum Bahnhof und überlege, ob ich ihr verraten soll, daß für den Nachmittag 14 Uhr in der Chefredaktion der *Volksstimme* eine Aussprache mit mir und über mich, wahrscheinlich sogar gegen mich angesetzt ist. Vorsichtshalber sage ich kein Wort, das Risiko einer Fehlgeburt ist einfach zu groß.

Die Aussprache findet im großen Konferenzsaal statt und ist gut besucht. Der Sekretär der zentralen Parteileitung ist zugegen, der Sekretär der Abteilungsparteiorganisation, der Chefredakteur und weitere namhafte Genossinnen und Genossen Leitungsmitglieder. Es handelt sich um eine Aussprache mit dem Kandidaten Ernst Röhl, um eine schwerwiegende Kadermaßnahme. Eigens aus Leipzig angereist ist der Genosse Schneidewind, Kaderleiter der Fakultät für Journalistik, der die Genossen der Magdeburger Redaktion nicht nur über das konterrevolutionäre Programm des »Rates der Spötter« im allgemeinen informiert, sondern vor allem über die Rolle, die Röhl hierbei gespielt hat.

Genosse Schneidewind stellt Röhl die Frage, ob er an diesem konterrevolutionären Programm mitgewirkt und die Konzeption gekannt habe. Der Röhl versucht seine Mitwirkung abzustreiten, behauptet schlankweg, die Konzeption des Programms gar nicht zu kennen, gibt aber nach längerem Leugnen Stück für Stück zu, daß er selbst das Entree und die sogenannten Wirtinnen-Verse geschrieben habe, die aber, wie er behauptet, keine politischen Fehler enthielten.

»Nach sehr langen und sehr harten Diskussionen«, formuliert der Genosse Schneidewind in seinem Bericht über die Aussprache, »gab er dann endlich auch zu, die Konzeption doch zu kennen, machte aber sofort wieder die Einschränkung, daß er zwar etliche Themen ansatzweise gekannt habe, nicht aber den Inhalt des kompletten Programms. Röhl versuchte ständig, unseren konkreten Fragen auszuweichen, und beteuerte immer wieder, daß er kein Gegner wäre und von westlichen Auftraggebern für das verbotene Programm nichts wisse.«

Das verstockte Verhalten des Röhl, der die Aktionen des »Rates der Spötter« als konterrevolutionär nicht erkennen *will*, bringt Unruhe in die Reihen der Magdeburger Genossen. Da hat ihnen die Journalistenfakultät ja ein ausgesprochen faules Ei ins Nest gelegt! Einen Possenreißer, haha! Eine Stimmungskanone! Einen Kulturredakteur, der nicht weiß, wo die Satire endet und die Konterrevolution anfängt!

Die konkreten Ausführungen des Genossen Schneidewind öffnen dem Parteisekretär endgültig die Augen. Hat nicht erst vor wenigen Tagen der Röhl sich bemüht, einen Ausspruch von Lenin in die *Volksstimme* zu lancieren, ein Zitat, in dem Wladimir Iljitsch – unter gänzlich anderen historischen Prämissen! – nicht ausschließt, daß der Parteijournalist sich im Ausnahmefall auch mal beim Gegner informieren könne? Diesen Anschlag auf die sozialistische Pressefreiheit habe der Parteisekretär zum Glück in letzter Sekunde verhindern können. Aufgeregt wirft er Röhl vor, daß dieser damit Feindsendern das Wort rede, »gerade jetzt, in dieser Situation, da wir mit der Aktion *Blitz contra NATO-Sender* die Fernsehantennen in Richtung Frieden drehen«.

Die Auseinandersetzung dauert schon vier Stunden. Ich bringe es nicht fertig, meine Freunde als Staatsfeinde zu bezeichnen. Was ich sagen soll, weiß ich, doch ich sag es nicht. Der größte Lump im ganzen Land, das ist und bleibt der Denunziant.

Der Feierabend naht; nun kann es nicht mehr lange dauern. Die Genossen der Parteileitung verlassen in geschlossener Formation den Raum und werden sich nach kurzer Beratung einig, das Tribunal zu beenden, Röhl als Kandidaten zu streichen und ihn zur Bewährung in einen Magdeburger Großbetrieb zu schicken.

Diese Kommission ist Inhaberin der Wahrheit, und ihre Wahrheit läßt sie sich durch nichts und niemanden kaputtmachen, durch Tatsachen zuallerletzt. Schwarz ist weiß, Weiß ist schwarz, die Sonne dreht sich um die Erde, und die Partei hat immer recht. Wer auf dem Kopf steht, sieht den Himmel als Abgrund über sich.

In meiner Bude versuche ich einigermaßen zu ordnen, was da eben über mich hereingebrochen ist. Ich putze mir die Nase, habe aber gar keinen Schnupfen. (Dieses Schniefen und Schneuzen muß genügen, um Kummer, Schmerz und Herzeleid zu verarbeiten!) Niemals werde ich mich dem Selbstmitleid überlassen. Ich bin dabei, mir den Humor der Eskimos anzutrainieren. Bei uns, sagt sich der Inuit, herrscht zwölf Monate lang Winter, der Rest ist Sommer.

Fragen über Fragen: Warum eigentlich habe ich mir die Komödie bieten lassen, warum habe ich die Ohren angelegt? Warum bin ich nicht mit irrem Gelächter aufgesprungen und hab sie sitzen lassen mit ihrer Konterrevolution? Warum habe ich diesen Femegerichtshof nicht laut und deutlich als Kollektiv von Arschlöchern bezeichnet?

Weil ich die Folgen fürchte, darum.

Weil ich im stillen hoffe, daß sie mich nur in den Großbetrieb stecken und nicht ins Gefängnis.

In meinem Zahnputzglas steht eine Tube Zahnpasta, in Marburg gekauft. Das allein ist schon schlimm genug. Aber! Meine Zahnpasta heißt auch noch *Signal*! Der dümmste Staatsanwalt wird den Zusammenhang auf Anhieb herstellen: Signal im Zahnputzglas und »Signale« im Finale des Programms.

Höchste Zeit, die Spuren zu verwischen!

Ganz gegen meine Gewohnheit breche ich zu einem Abendspaziergang auf und achte darauf, daß mir keiner folgt. Unauffällig versenke ich die konterrevolutionäre Zahnpasta in der Elbe. Auf dem Rückweg fällt mir ein wunderbar schleimiges Gedicht von Johannes R. Becher ein. Ich schreibe es, ohne den Autor zu nennen, besonders gut lesbar auf ein weißes Blatt:

Herrliches Land:
Du unser leidenschaftliches JA.
Unser tiefes DU!
Unser Wissen, WOFÜR!
Unser unsterbliches WIR!

Diesen von Heimatliebe strotzenden Hymnus lege ich mitten auf den Tisch. Morgen früh sollen sie es finden, lesen und danach entscheiden, ob sie es nach der Lektüre immer noch verantworten können, mich mitzunehmen. Ich schlafe schlecht.

Immer wieder knarrt die Treppe.

Erfolglos versuche ich mir einen Knast von innen vorzustellen. So ein Gefängnis ist ein dunkler, rätselhafter Ort. Auch wenn man viel darüber gelesen hat, weiß man herzlich wenig. Man ist einsam dort, und der Speiseplan beschränkt sich auf Wasser und trocken Brot.

Immer wieder knarrt die Treppe.

Hundemüde schleiche ich am Freitagmorgen zur Arbeit. Gewiß sieht man mir an, daß ich Dreck am Stecken habe. Trotzdem sind meine Kollegen nett zu mir.

Am Sonnabend kommen sie immer noch nicht!

Vielleicht, wer weiß, kommen sie ja überhaupt nicht.

Am Sonntag ist Volkswahl. Ich muß Texte für die Montagausgabe redigieren, möglicherweise eine letzte Bewährungschance.

Auch diesmal wird es wieder ein rauschender Wahlsieg.

Klotzige Schlagzeile auf Seite eins: »17. September – der zweite Volltreffer: 99,96 Prozent!«

Um 6 Uhr 20, im Morgengrauen bereits, haben ausnahmslos alle Wähler in Gladdenstedt, Kreis Klötze, ihre Stimme abgegeben, fünf Minuten später alle Wähler der Nachbargemeinde Wendischbrome. Zwischen beiden Grenzgemeinden liegt Nettgau. Die Nettgauer wollen nicht zurückstehen. Eine halbe Stunde später ist auch hier der letzte Wahlschein in der Urne verschwunden. Als Spitzenreiter der Gemeinde Bömenzien, Kreis Seehausen, gibt der Herr Pfarrer seine Stimme offen den Kandidaten der Nationalen Front.

Nach dem Mittagessen läßt mich der Parteisekretär zu sich rufen. Er hat Gäste. Zwei mir unbekannte Herren in taubengrauen Einreihern halten mir Klappkarten unter die Nase. Sie möchten sich unbedingt mit mir unterhalten, und zwar sofort.

»Bitte«, sag ich und setze mich. Sie ziehen es vor, die Unterhaltung in ihrer Dienststelle zu führen. Das hält auch der Parteisekretär für günstiger. Meine Ansicht ist nicht gefragt. Unter Aufsicht darf ich meine Siebensachen aus dem Büro holen.

»Tschüß denn«, sagt mein Kollege Heinz. Mehr kann man nicht verlangen.

In der Dienststelle der Staatssicherheit findet keine Unterhaltung statt, jedenfalls nicht mit mir. Ich werde in ein Zimmer geschoben, dessen Tür von innen immerhin eine Klinke hat. Damit ich keine Dummheiten mache, bewacht mich ein Uniformierter mit Kalaschnikow. Lange Zeit schweigen wir. Er sieht mich nicht an, läßt mich aber erst recht nicht aus den Augen.

Schließlich wage ich zu fragen: »Wann kommse denn endlich?«

Er verzieht sein frisches, junges Gesicht, als wollte er sagen: »Halt die Fresse!«

Erst nach einer endlos langen Wartezeit geht mein Taxi nach Leipzig. Meine Begleitung ist auf vier Mann erweitert worden, allesamt durchtrainierte Gestalten, die aussehen wie Meister des Sports und der Schlagfertigkeit. Je einer sitzt links und rechts neben mir im Fond des Wagens, einer muß lenken, der Beifahrer wendet sein Stemmeisengesicht alle fünf Minuten schulmäßig nach hinten und starrt mich an, als wäre ich ein Massenmörder. Ich habe die Wahl zwischen zwei Möglichkeiten. Entweder halte ich seinen Blicken tapfer stand oder weiche ihnen feige aus. Beides macht mich gleichermaßen verdächtig.

Es ist eine Fahrt des Schweigens durch die sonnige Magdeburger Börde, von deren landschaftlicher Schönheit ich bis zu diesem Tag gar nichts geahnt habe! Die Saale bei Bernburg – eine Augenweide. Unvergeßlich in Leipzig der Turm des Neuen Rathauses im roten Abendsonnenschein. Sekunden später verschwinde ich, mitten in Leipzig, an einem dunklen Ort, von dem niemand nichts weiß. Rasselnd schließt sich das graue, zweiflüglige Eisentor.

Es geht eine Treppe hinauf, dann zweimal links um die Ecke. Bei der Leibesvisitation findet sich nichts, was gegen mich verwendet werden könnte. Ich erhalte Filzpantoffeln nach Art des Hauses, eine graue Drillichhose ohne Gürtel und einen schmucken grauen Kittel, alles Ton in Ton. Zwar bin ich modisch anspruchslos, doch die Kluft, die ich von nun an tragen soll, sagt mehr, als Worte sagen könnten. Die sozialistische Gesellschaft, sagt sie, hat dich soeben ausgespien. Ausgerotzt wie eine Aule!

Bei meiner ersten Vernehmung stehen mir gleich drei Uniformierte gegenüber: ein Leutnant, ein Oberleutnant und ein leibhaftiger Major. Ich hocke auf einem Schemel, dessen vier Beine im Boden fest verankert sind, so daß ich ihn, selbst wenn mir danach wäre, als Schlag- oder Wurfwaffe nicht verwenden könnte.

Der Oberleutnant tritt als Wortführer auf. In sachlichem Ton teilt er mir mit, ich sei dringend verdächtig, meine Funktion als ehemaliger Leiter des Kabaretts mißbraucht zu haben;

ich hätte die Gruppe »dem Einfluß gesellschaftlicher Organisationen entzogen« und, als Zugabe sozusagen, Hetze gegen die DDR betrieben, »äußern Sie sich dazu!«.

Tatsächlich bin ich bis Herbst 1960 zwei Jahre lang Leiter des Kabaretts gewesen. Die Gruppe hatte mich wegen meiner blauen Augen dazu bestimmt, aber keinem wäre es eingefallen, darin einen Ehrentitel zu sehen. Ich selbst hatte überhaupt keinen Grund, mir auf diesen Rang etwas einzubilden, hatte ich doch nur das zweifelhafte Vergnügen, die Verbindung zur Universität zu halten und der FDJ alljährlich einen Tätigkeitsbericht zu senden, so lang wie nötig, so kurz wie möglich.

Mit dieser Darstellung kann ich bei meinen Vernehmern nicht landen. Nach ihrem Verständnis ist der Kabarettleiter eine wichtige Funktion in der kulturpolitischen Struktur. Das machen sie mir knallhart klar. Ich beharre darauf, daß ich schon seit einem Dreivierteljahr kein Leiter mehr sei, daß der Kontakt zum »Rat der Spötter« seit meinem Ausscheiden immer lockerer geworden sei, daß ich kaum die Hälfte der Szenen gekannt hätte …

Ausflüchte schätzt der Oberleutnant überhaupt nicht. »Das«, brüllt er, »ist eine un!ver!schäm!te! Lüge!« Bei der Hausdurchsuchung sei ein höchst aufschlußreiches Beweismittel sichergestellt worden, ein Ausweis mit der gültigen Unterschrift des Sodann, der mich als Regieassistenten des »Rates der Spötter« bezeichnet. Den Kontakt zur Gruppe hätte ich niemals abreißen lassen, ich wäre genau das gewesen, was man eine graue Eminenz nennt. In Marburg wäre ich mit dabeigewesen, hätte an der Landtournee teilgenommen, und trotz beruflicher Beanspruchung in Magdeburg wäre ich wenige Tage vor der Generalprobe des neuen Programms und wenige Tage danach im *Spötterkeller* gewesen, wie Zeugen übereinstimmend berichteten.

Mit welchem Ziel?

Am Sonnabend, dem neunten, und am Sonntag, dem zehnten September, hätte ich beispielsweise eine besonders üble Rolle gespielt und versucht, die feindliche Konzeption des verbotenen Programms zu leugnen, die inhaftierten Kabarettmitglieder zu rehabilitieren, ihre Festnahme hätte ich als »unmöglich« bezeichnet.

Mein Schemel steht in der Nähe einer Wand, an der ein großformatiges Gemälde hängt. Wegen des außerordentlich spitzen Blickwinkels kann ich das Motiv nicht recht erfassen. Ich glaube einen knienden Menschen mit freiem Oberkörper zu erkennen und, brutal über ihn gebeugt, einen zweiten mit hoch erhobener Axt ...

Stunde um Stunde gießen die Vernehmer das Füllhorn der Beschuldigungen über mich aus. Schritt für Schritt hätte ich das Kabarett – vorsätzlich – auf feindliche Positionen abdriften lassen, in wessen Auftrag? Seit dem Ausbau des Kellers wäre kaum noch politische Arbeit geleistet worden, und ich als verantwortlicher Leiter hätte es in sträflicher Weise unterlassen, Partei und Jugendverband zu informieren und um Hilfe zu bitten. Für die Sicherheitsorgane stehe nun natürlich die Frage: Zufall oder Absicht?

Wie unter einem Zwang blicke ich immer wieder hinüber zu dem geheimnisvollen Bild. Eine Exekution, kein Zweifel. Die künstlerische Darstellung einer Enthauptung! Frage: Warum hängt das Gemälde ausgerechnet in diesem Raum? Zufall? Absicht? Oder Halluzination?

Um keine Schwäche zu zeigen, habe ich mir den Gang zur Toilette stundenlang verkniffen. Es ist schon nach Mitternacht, als ein Unteroffizier zu meiner Begleitung herbeitelefoniert wird. Ich nutze die Gelegenheit, mir das Bild genauer anzusehen, und ich muß schon sagen:

Einen bösen Streich haben meine Nerven mir da gespielt! Was ich als Hinrichtung wahrnehmen wollte oder sollte, ist nichts als eine friedliche Szene aus dem Alltag werktätiger Steinbrucharbeiter, die mit freiem Oberkörper, schweißüberströmt, mit Spitzhacke und schweren Hämmern den Sandsteinproduktionsplan erfüllen! So kann sich täuschen, wer Vorurteile nährt oder gar eine feindliche Einstellung gegenüber unseren Sicherheitsorganen.

5
Oberleutnant Hoffmann

Oberleutnant Hoffmann hat es kommen sehen!

Sträflich lange haben die Traumtänzer von der Universität dem bösen Spiel tatenlos zugesehen. Schon zwei Wochen vor der geplanten Premiere liegt das Textbuch bei der Parteileitung, keiner beachtet es. Weder Höpcke noch Handel halten es für nötig, darin zu lesen. Erst am Tag der Generalprobe läßt sich Höpcke ein paar von diesen Artisten kommen, aber statt sie sich zur Brust zu nehmen, statt die Konzeption des Programms als »feindlich« zu brandmarken, weicht er zurück, nennt sie nur »falsch« und verlangt bloß ein paar Änderungen. Erst nachdem das Kind im Brunnen liegt, wird endlich die Bezirksleitung der Partei informiert, die ihrerseits hastig die Abteilung V von der Existenz des konterrevolutionären Programms in Kenntnis setzt! Nun erst kann die fällige Inhaftierung der Beschuldigten erfolgen.

Dabei hat es seit Monaten jede Menge Hinweise gegeben! Im Juni alarmiert der IM Horst Stäbe die Abteilung V. »Nach meinem Gefühl«, teilt er mit, »ist der ›Rat der Spötter‹ eine Gruppierung, in der sich einige Mitglieder vollkommen auf der Position des Klassengegners bewegen.« Diesen Tip leitet Unterleutnant Kirmse (Abteilung V) unverzüglich weiter. Was passiert daraufhin an der Uni?

Nichts.

Nitschewo!

Im März liefert der GM Hamann einen Bericht über ein Spötterprogramm, das schon damals feindliche Szenen enthält, die von den Zuschauern entsprechend feindlich belacht werden. Es ist Frühjahrsmesse und das Publikum üppig durchsetzt mit Studenten westdeutscher Universitäten. GM Hamann ist ein guter Mann. Er ist imstande, lange, ausführliche

Gedächtnisprotokolle abzufassen, und er ist ein Stilist. Er sollte einen Roman schreiben, findet Oberleutnant Hoffmann, und schleunigst in den Schriftstellerverband aufgenommen werden, damit Major Peterhänsel, Chef der Abteilung V, ihn auf dem Gebiet der Literatur einsetzen kann.

»Was geht auf der Bühne vor?« schreibt GM Hamann. »Ein Fakir sitzt auf seinem Nagelbrett. Ein Passant kommt des Weges; er braucht Nägel, darum ist er scharf auf das Nagelbrett. Moderne Fakire, schwadroniert er, säßen sowieso nicht mehr auf Nägeln, sondern längst auf Glasscherben. Nach vielem Hin und Her (Warum eigentlich muß der Passant unbedingt den Tonfall des Genossen Walter Ulbricht nachahmen?) übergibt ihm der Fakir das Nagelbrett mit der Bemerkung, er solle es, wenn er die Nägel rausgezogen hätte, unbedingt zurückbringen, Bretter seien genauso knapp wie Nägel!«

Ende 1960 bereits hat Unterleutnant Münzner (Abteilung V) die schriftliche Einschätzung des »Rates der Spötter« durch einen Geheimen Informator entgegengenommen. Der GI beschreibt bis in kleinste Einzelheiten Charakterzüge der Mitglieder; vor allem sein Urteil über Sodann hätte Anlaß zu bestimmten Maßnahmen sein müssen. »Wenn Sodann kritisiert wird«, schreibt er, »denkt er innerlich, leckt mich am Arsch! Für das Kabarett opfert er sich wirklich auf und will es künstlerisch auf ein hohes Niveau heben. Dabei benimmt er sich manchmal wie ein vollblütiges Pferd und tapst auch mal daneben. Bei einem Berlinaufenthalt der Gruppe wollte er seinen Onkel in Westberlin besuchen und tat so, als wäre gar nichts dabei, auch möchte er gerne Niethosen haben …«

Major Pommer, Chef der Untersuchungsabteilung IX, beruft für den Vorgang 1677/61 (»Rat der Spötter«) Oberleutnant Hoffmann als Hauptsachbearbeiter. Hoffmann ist Pommers gründlichster Mann; scheinbares Alter, um es in der Sprache des Sicherheitsorgans auszudrücken: vierzig, Größe: einssiebzig, Gestalt: mittelgroß und kräftig, Kopfform: rechteckig, Gesicht: dunkler Teint, Haarfarbe: schwarz, Haaransatz: gerade, mit kleinen Stirnecken …

Schnafte als Eilbote der Deutschen Post der DDR

Oben: Sodann auf der Leuchtenburg bei Jena, bereits 1959 in Ketten
Rechte Seite
Oben: Rolf Herschel
Unten: Manfred »Alba« Albani und Elfriede beim Skat

Oben: Susanne und Helene (von l. nach r.)
Rechte Seite
Oben: Sodann und Prof. Dr. Georg »Schorsch« Meyer
Unten: Sodann und Esmeralda, die Maus aus Marburg

Hubert »Hugo« Laitko

Oben: Die Fahrkarte ins kapitalistische Ausland
Unten: Schon wieder Sieger im Volkskunstwettbewerb

Sodann beim Gesang eines Knaben in der Pubertät

Sodann und Monika

Oben: Sherlock Holmes und Dr. Watson: Röhl und Benecke (von l. nach r.)
Rechte Seite
Oben: Kubilke und Brausewetter über die Jugend von heute: Röhl und Sodann
Unten: Heinz-Martin Benecke und Renate

Rührend kümmert sich der Rat der Spötter um Behinderte; Sodann und »HaEm« Benecke

Rechte Seite

Oben: Rat der Spötter 1959 unter freiem Himmel: Heiko Rämisch, Wolfgang Schrader, Susanne Gebhard, Peter Sodann, Gerhard Hein, Helene Quinten, Ernst Röhl, Dieter Bromme (von l. nach r.)

Unten: Rat der Spötter mit Szenen aus dem wilden Westen

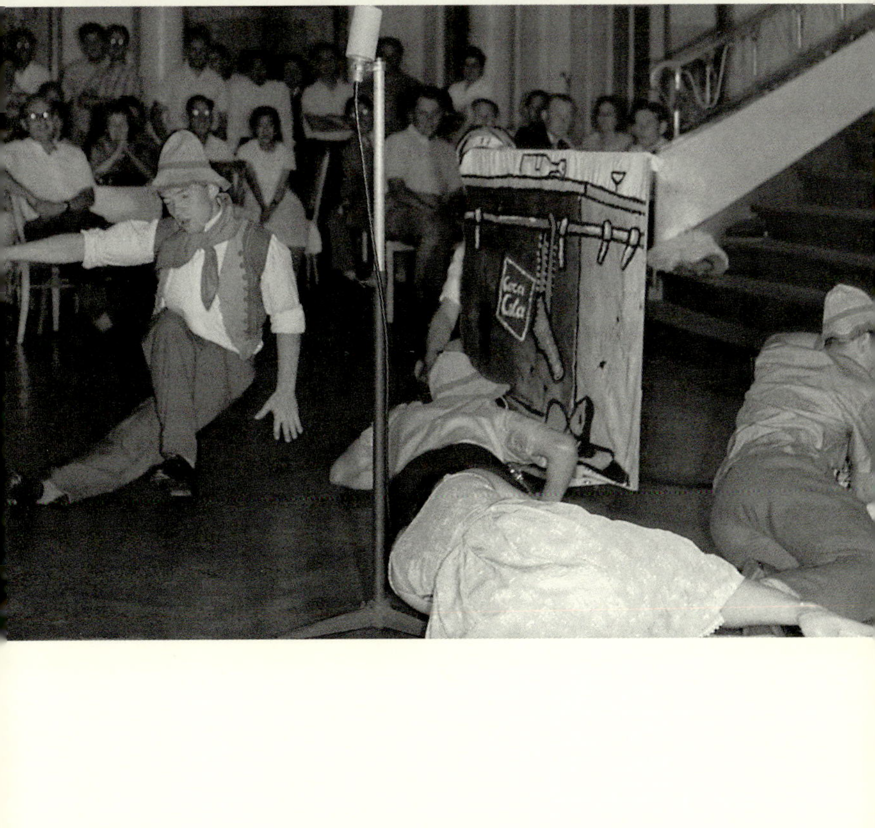
Coca Cola

Kubilke und Brausewetter über die politische Lage: Röhl und Sodann

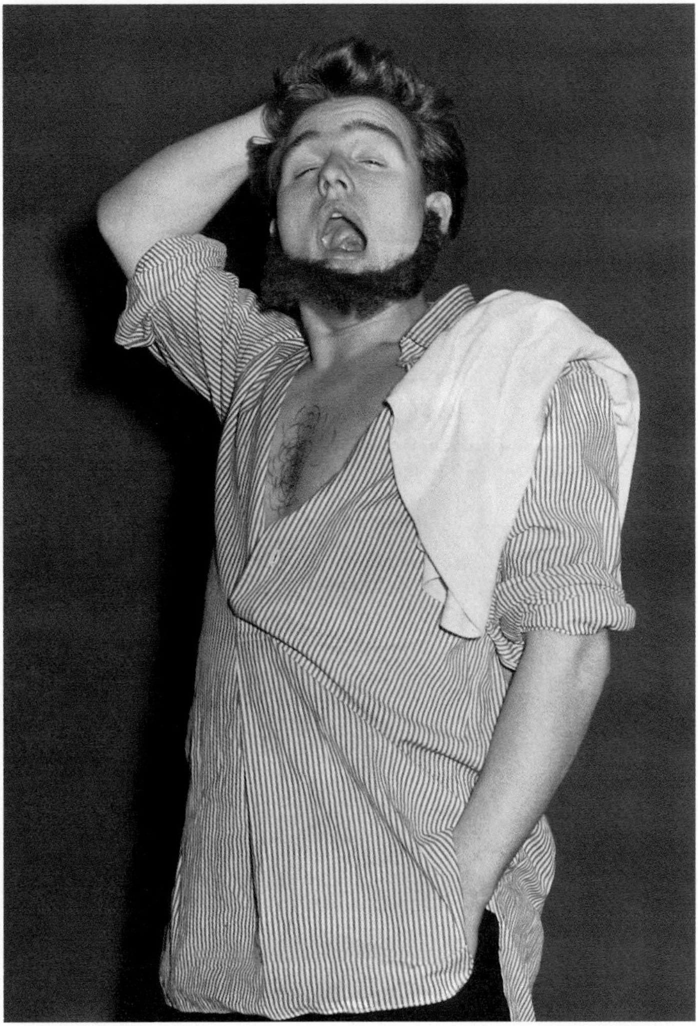

Ernst Röhl, studentische Klage über menschenverachtend frühen Vorlesungsbeginn

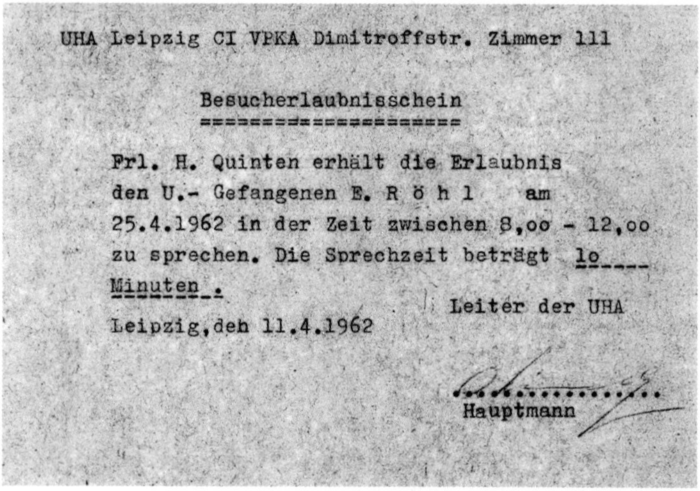
UHA Leipzig CI VPKA Dimitroffstr. Zimmer 111

Besucherlaubnisschein

Frl. H. Quinten erhält die Erlaubnis den U.- Gefangenen E. R ö h l am 25.4.1962 in der Zeit zwischen 8,00 - 12,00 zu sprechen. Die Sprechzeit beträgt 10 Minuten.

Leiter der UHA

Leipzig, den 11.4.1962

Hauptmann

Oben: Titelblatt des verbotenen Programmhefts, Zeichnung: Rolf Herschel
Unten: Besuchererlaubnis für die Untersuchungshaftanstalt

Oberleutnant Hoffmann steht bestens im Stoff. Sechs Vögel hat er im Bauer, sie müssen bloß noch singen. Hinzu kommt ein Dutzend Zeugen, alle einigermaßen gesprächig, weil sie noch draußen sind und nicht rein wollen. Einer der Engagiertesten dringt auf eigene Faust ins Umfeld des Albani vor und ermittelt dabei so manche Sauerei, die sich absolut nicht mit den »Zehn Geboten der sozialistischen Moral« verträgt: »Von den Hauptmietern der Wohnung der Elfriede Ewald, in der diese während der Zeit ihres Studiums wohnte, habe ich erfahren, daß Albani mit der Ewald in deren Untermietszimmer im wahrsten Sinne des Wortes gehurt hat. Beide haben tage- und nächtelang zusammen im Bett gelegen und dabei sogar unentschuldigt Vorlesungen versäumt.«

Und dann hat Gerhard Hoffmann noch zwei Asse im Ärmel – zwei erstklassige Informanten, einen Geheimen Informanten direkt im Zentrum der Gruppe und eine Kontaktperson, die im Kabarett ein und aus gegangen ist. Und diese Kontaktperson weiß über den Laitko zu berichten, daß dieser vor Jahren beim »Rat der Spötter« nicht nur Klavier gespielt, sondern auch die meisten Texte geschrieben hätte. Im übrigen sei Laitko während seiner Studienzeit am Philosophischen Institut mehrfach kritisiert worden, weil er ständig eine weiche Linie vertreten habe. Diese Kontaktperson ist erfreulich vielseitig einsetzbar, erledigt auch Botengänge und klingelt bei der Freundin des Röhl, die bereits seit mehr als einer Woche widerrechtlich in der Nervenklinik Dösen arbeitet, in Leipzig also. Die Kontaktperson klingelt bei der Quinten, Helene und teilt ihr im Befehlston mit: »Sie haben Leipzig sofort zu verlassen!«

Hoffmann ist einer von den ganz Genauen, ein Systematiker. Zum Untersuchungsvorgang 1677/61 bereitet er einen wohlbedachten Plan vor, ein regelrechtes Netzwerk von Maßnahmen.

Bei sechs Beschuldigten ist es nicht ganz einfach, den Überblick zu behalten. Er legt ein großes weißes DIN-A3-Blatt vor sich auf den Schreibtisch und untergliedert es mittels Stift und

Lineal in drei Spalten. Linke Spalte: »Zu klärende Fakten«, Mitte: »Maßnahmen zur Beweisführung«, rechts: »Einzuleitende operative Maßnahmen«.

Die linke Spalte enthält bohrende Fragen »zur moralischen Verkommenheit der Beschuldigten«. Welche Obszönitäten sind im *Spötterkeller* geduldet worden? Gibt es eventuell Mitglieder, die wegen der Sumpf-Atmosphäre nicht lange mitgemacht haben und deshalb gute Zeugen wären? Weshalb hat S. Schulden beim Kabarett, warum ist H. laufend nach Westberlin gefahren, wollte R. die Republik tatsächlich illegal verlassen, welche sogenannten politischen Witze verbreiteten die Beschuldigten?

»Ziel der Bearbeitung«, formuliert Oberleutnant Hoffmann, »muß der Nachweis sein, daß das konterrevolutionäre Programm nicht zufällig entstanden, sondern mit dem Vorsatz der ideologischen Diversion geschrieben worden ist und vollinhaltlich mit der inneren Einstellung der Beschuldigten übereinstimmt.«

Bei den ersten Befragungen streiten die Beschuldigten diese Vorhaltungen natürlich ab, der eine im Ton der Klage, der andere mit Geschrei und Protest. Das ist normal, und Hoffmann stört es herzlich wenig. Jeder Häftling erzählt Märchen, das ist sein gutes Recht.

Sodann verfaßt, noch mitgenommen von der ersten Vernehmung, eine Haftbeschwerde: »Ich erkläre mich mit meiner Verhaftung nicht einverstanden, da ich der Ansicht bin, kein Staatsfeind zu sein. Ich bitte, daß man dies so schnell wie möglich überprüft. Sie können sich vielleicht vorstellen, wie es ist, von seinen eigenen Genossen festgehalten zu werden – grausam!«

Ähnlich lautende Haftbeschwerden schreiben Albani und Herschel, und es geschieht, was in solchen Fällen zu geschehen pflegt. Der Haftrichter leitet das Schreiben zur Entscheidung weiter an den Beschwerdesenat des Bezirksgerichts. Der Staatsanwalt teilt dem Gericht mit, die drei Beschwerdeführer seien nach wie vor dringend verdächtig, schwere Verbrechen begangen zu haben, es bestehe nicht nur Verdunklungs-, sondern auch Fluchtgefahr. Das Gericht weist alle Beschwerden pauschal als unbegründet zurück, weil Flucht- und Verdunklungsgefahr bestehe und die Beschuldigten mit einer empfindlichen Freiheitsstrafe zu rechnen hätten.

Auch wenn sein Einspruch abschlägig beschieden wird, hat der Häftling durchaus einen bescheidenen Profit. Nirgendwo auf der Welt kann es langweiliger sein als in seiner Zelle, darum ist Schreiben eine hochwillkommene Abwechslung. Für ein Stündchen darf er die Zelle verlassen. Der Schließer, ein Unteroffizier oder gar Feldwebel, redet einigermaßen nett mit ihm: »Gommse, gommse, Hände auf den Rücken, gehnse, gehnse!« Er führt ihn treppauf, treppab über endlos lange Gänge. Gut möglich, daß gerade ein zweiter Häftling umhergeführt wird, dann heißt es: »Gesicht zur Wand!« Immerzu passiert irgendwas Interessantes.

Schließlich erreicht er die Schreibzelle, erhält einen mehr oder weniger spitzen Bleistift und liniertes Schreibpapier, und jetzt wird es erst richtig spannend, ein bißchen wie Klassenaufsatz. Welche Anrede wählen? Wie beginnen? Empfiehlt es sich zu jammern? Sollte man sich zur Sachlichkeit zwingen, auf Gesetze pochen?

Die innere Stimme meldet sich: Ganz egal, was du schreibst, dein Geschreibsel landet sowieso im Papierkorb. Kann ja sein. Was aber, wenn vielleicht doch nicht? Was, wenn es mir gelingt, das Herz des Staatsanwalts zu rühren? Heller als an diesem dunklen Ort lodert die Hoffnung nirgendwo.

Von den Sitten und Gebräuchen hinter Gittern weiß ich nicht viel, ich kenne nur die Kritzeleien der Karikaturisten, sechs Striche senkrecht an der Zellenwand, querdurch ein waagerechter Strich – wieder eine Woche rum! Und vor dem Fenster eiserne Gitter, die der Knastologe mit seiner Nagelfeile so lange bearbeitet, bis er endlich verduften kann über die sieben Berge.

Gitter gibt es im Zellengebäude zur Genüge, jedoch kein einziges Fenster, das den Namen Fenster verdient. Nur eine mit Glasbausteinen verblendete Maueröffnung, soweit durchlässig, daß der Häftling ahnt, ob es Tag oder Nacht ist; blauer Himmel Fehlanzeige.

Trübes Licht also in der Zelle, die mir zugewiesen wird. Sie mißt ungefähr drei Meter im Quadrat, die Pritsche erstreckt sich über die ganze Breite des Raums und nimmt allein zwei Drittel der Zelle ein. An der Türseite, auf dem restlichen Drittel der Grundfläche, vertreten sich drei schwere Jungs die Beine. Drei Mann, denen ich im Dunkeln nicht begegnen möchte. Schlecht gekleidet, unrasiert, stechender Blick. Das Verbrechertrio mustert mich feindselig. Wo soll in dieser Dreimannzelle ein vierter Mann schlafen?

Die Wächter der »Wächterburg« wissen es. Sie breiten vor der Dreimannpritsche eine Seegrasmatratze aus – fertig! Mein Vorschlag ist das nicht, trotzdem ist die Wohngemeinschaft schlecht auf mich zu sprechen; nun ist das Gedränge noch größer geworden. Daß ich nicht nur auf dem kalten Fußboden schlafen muß, sondern auch im Dunstkreis ihrer Käsemauken, stört keinen.

Ein älterer Herr mit schütterem Haar und der eleganten Haltung eines Stehgeigers scheint hier der Boß zu sein. Man will doch wissen, mit wem man es zu tun hat, und wäre es denn das erste Mal, daß ein Spitzel eingeschleust wird in die Zelle!

Das allgemeine Mißtrauen wird nicht geringer durch meine Auskunft, ich sei eine Art Student und hochgezogen worden wegen politischer Witze und Kabarettspiels. Meine neuen Zellengefährten haben entschieden mehr zu bieten. Der eine ist erst siebzehn und hat sich noch nicht sehr oft rasieren müssen. Dennoch ist er bereits eines grausigen Verbrechens schuldig. Der Spitzbart Ulbricht müsse weg, hat er öffentlich behauptet und daß Nikita Chrustschow »ein Fettwanst« wäre. Für diese unverschämte Lüge soll ihm in den nächsten Tagen der Prozeß gemacht werden.

Der zweite ist tatsächlich mal Stehgeiger gewesen, und zwar in Karl-Marx-Stadt, im Hotel *Chemnitzer Hof*. Er ist imstande, uns auch ohne Geige musikalisch zu unterhalten. Seine Glanznummer ist Zarah Leander: »Es geht alles vorüber, es geht alles vorbei, mein Mann ist in Rußland, ein Bett ist noch frei ...«

Als rüstiger Mittfünfziger ist er mit den dritten Zähnen in den zweiten Frühling gestartet. Eine Pianistin hat ihn zu Hausmusik und anderen Torheiten verführt. Leider wird sie für kleinere Nachrichtendienste aus Westberlin bezahlt. Dies adelt den Stehgeiger zum Spion; unter diesen Umständen wird die Toselli-Serenade zum Funkspruch, jeder Seufzer seiner Violine zu einer feindlichen Info.

Der dritte ist einer jener schüchternen Feuerwehrmänner, die nur einen einzigen Weg wissen, schönen Frauen zu imponieren: Brände legen und diese, sobald die Sirene ertönt, als Frontmann am C-Rohr unter Einsatz des eigenen Lebens wieder löschen. Das Pech dieses Kameraden besteht darin, daß er seinen Brand falsch terminiert hat. Er legt ihn zufällig in der dramatischen Nacht vom 12. zum 13. August.

Die Überfüllung meiner Zelle hängt damit zusammen, daß der 13. August gerade erst vier Wochen zurückliegt und die fleißigen Festnahmegruppen mehr Staatsfeinde anschleppen, als die Gerichte verkraften können. Zeitlebens bin ich ein geselliger Mensch gewesen, diese fürchterliche Enge aber macht mir Herzbeschwerden, von den Geräuschen und Gerüchen, die meine Gefährten erzeugen, nicht zu reden.

Der Raum ist schlicht und geschmacklos möbliert: ein Waschbecken, ein Klosett, dessen Spülung nur von draußen betätigt werden kann, Bettwäsche im blau-weißen Karo-Design. Die 15-Watt-Wandlampe über der Tür ist mit einem starken Drahtgeflecht vergittert, damit Paniker und Choleriker keinen Sachschaden anrichten können.

Die robuste Tür, durch die der Eingekerkerte bei guter Führung eines fernen Tages eventuell in die Freiheit entlassen werden könnte, enthält Schloß und Riegel, eine Klappe, die das Hereinreichen von Nahrungsmitteln ermöglicht, und ein Guckloch, den Spion, dessen Blechdeckel der Schließer pflichtgemäß alle drei, vier Minuten geräuschlos zur Seite schiebt, um sich zu überzeugen, daß in der Zelle alles in Ordnung ist. Die Insassen sehen weder seine Wimpern noch seine Brauen, nur die Pupille und ein wenig Augapfelweiß – so wird das Auge des Wärters alle drei, vier Minuten zum Auge Gottes.

Gebieterisch läutet früh um fünf die Glocke. Aufstehn! Um fünf. Als gäbe es tagsüber für uns unendlich viel zu tun. Eine Kanne Wasser wird hereingereicht, ein Handtuch, eine Zahnbürste und ein Bakelitschächtelchen mit der schweinchenrosa Zahnputzmasse *Rosodont*. Abends halb neun ertönt die Glocke zweimal: Fertigmachen zur Nachtruhe! Um neun Uhr Nachtruhe. Das Licht verlischt, wird jedoch während der Nacht in unregelmäßigen Abständen eingeschaltet. Zur Kontrolle. Und damit der Gefangene gar nicht erst auf den Gedanken kommt, er genösse eine Schlaftherapie im Erholungsheim.

Die Zeit zwischen fünf Uhr früh und neun Uhr abends sinnvoll auszufüllen, ist, wenn die Vernehmung ausfällt, eine Kunst, die keiner kann. Die Zeit will und will nicht vergehen.

Außer den drei kargen Mahlzeiten bleibt als Abwechslung nur der Freigang. Die Zellenbelegschaft wird für zwanzig Minuten hinausgeführt in den Freihof, in eine schmale Freiluftzelle, die ein Posten mit Maschinenpistole vom Wachturm aus beaufsichtigt. In diesem »Käfterchen«, zwischen vier Meter hohen Rauhputzmauern, dreht der Häftling auf Filzlatschen seine Runden, bis ihm schwindlig wird. Voller Sehnsucht blickt er hinauf in den Himmel, der den Krähen und Sperlingen gehört und in der warmen Jahreszeit auch den Mauerseglern. Fliegen! Fliegen müßte man können! Aber: Könnten wir fliegen, hinge der Himmel voller Netze, dafür würde Oberleutnant Hoffmann schon sorgen.

Hoffmann, vermute ich, hat sich durch Beobachtung und Überwachung feindlich negativer Kräfte emporgedient und ist gewiß froh darüber, daß er seit ein paar Jahren nicht mehr hinaus muß zur operativen Arbeit. Fürs Observieren verdächtiger Personen hat ihm möglicherweise der lange Atem gefehlt. Vielleicht hat er auch die Spielregeln als kindisch empfunden. Mit der Hand an die Nase fassen: Achtung, Objekt erscheint! Bücken und Schnürsenkelbinden: Beobachter möchte aus konspirativen Gründen abgelöst werden. Brieftasche demonstrativ herausnehmen und darin blättern: Beobachter möchte den Gruppenleiter sprechen. Erwachsene Genossen beim Räuber-und-Gendarm-Spiel!

Damit verglichen, sind die Pflichten eines Untersuchungsführers kurzweilig und anspruchsvoll. Einfallsreichtum und analytisches Denken sind gefragt.

Es geht darum, den Beschuldigten ohne Anwendung von Folter und körperlicher Gewalt zur Aussagebereitschaft und schließlich zu einem krönenden Geständnis, das vor Gericht Bestand hat, zu führen. Dabei ist allein das Wie von Bedeutung, niemals das Ob; die Schuld des Täters ist durch seine Verhaftung hinlänglich erwiesen.

Oberleutnant Hoffmann erkennt schnell, daß an den schaurigen Gerüchten von Kellerorgien, Alkoholmißbrauch und sexuellen Exzessen nichts dran ist. Desinformatoren haben diese Räuberpistolen in die Welt gesetzt, der städtische Klatsch verbreitet sie urbi et orbi.

Hoffmann in seiner Funktion als Hauptsachbearbeiter weist die Vernehmerkollegen Leutnant Brade, Leutnant Meißner und Unterleutnant Wällnitz an, keine Zeit mit Phantasie und Schneegestöber zu vergeuden, dem Untersuchungsorgan sei daran gelegen, schnellstmöglich die geheimen Verbindungen des westdeutschen Militarismus zum »Rat der Spötter« aufzuklären.

Bei der Durchsuchung der Wohnung des Herschel ist ein Exemplar des US-amerikanischen Magazins *Life* sichergestellt worden. Ein Zeuge berichtet, der Seidel habe in seiner Seminargruppe offen erklärt, er höre ständig die Sendungen von *Radio Luxemburg*. Im Kabarett, so IM Siegmar, seien Hetzzeitschriften wie zum Beispiel *Der Spiegel* aufgetaucht. In einer Vernehmung gesteht der Herschel, er habe den *Spiegel* gelegentlich selbst gelesen.

Oberleutnant Hoffmann greift zurück auf die Niederschrift eines Zelleninformators aus Zelle 70, dem Sodann, der Vorsitzende des Kabaretts »Rat der Spötter«, anvertraut hat, bei Auftritten in Marburg hätte ihm ein Student vier Exemplare des *Spiegel* geschenkt. Dieses Geschenk erwähnt Hoffmann beiläufig in der Vernehmung, da macht Häftling Sodann natürlich große Augen! Zärtlich streichelt Hoffmann die Papiere auf seinem Schreibtisch: »Sodann, wir wissen alles!«

Ja, es stimme, ein Mitglied des Sozialistischen Studentenbunds habe ihm die Zeitschriften geschenkt, er, Sodann, hätte aber nur einen flüchtigen Blick hineingeworfen, sich die Überschriften und Bilder kurz angesehen, die Hefte dann seinem künftigen Schwiegervater zur Lektüre überlassen, und zwar mit der Bemerkung, er solle sich mit eigenen Augen davon überzeugen, wie hemmungslos westdeutsche Zeitungen über unsere DDR hetzten.

Auffällig ist Sodanns Interesse für westliche Printmedien vor allem deshalb, weil Hoffmann glaubwürdige Hinweise darüber vorliegen, daß speziell Sodann sich über Leute, die die sozialistische Presse lesen, lustig macht. GI Siegmar berichtet, der Sodann und auch der Röhl hätten ihn immer verhöhnt, wenn er, Siegmar, im *Spötterkeller* das *Neue Deutschland* studiert habe.

Oberleutnant Hoffmann geht von der Hypothese aus, daß kryptische Verbindungen des »Rates der Spötter« mit feindlichen Kräften in Marburg bestehen. Diese müssen aufgedeckt werden. Zeugen sagen aus, daß Seidel und Herschel in Marburg private Einladungen wahrgenommen hätten. Sie wären hinter dem Westgeld her gewesen wie Faust hinter Gretchen, auch der Röhl habe sich von einem westdeutschen Studenten zwanzig Westmark schenken lassen.

Kontaktperson G. erfährt von einem Assistenten der Journalistenfakultät, bei Albani seien von der Reise nach Westdeutschland ideologische Unklarheiten zurückgeblieben, er, der Assistent, hätte das im Seminar deutlich gemerkt. Albani habe unverhüllt die Auffassung vertreten, das Lohnniveau in

Westdeutschland sei höher als das der DDR, im Westen betrügen die Durchschnittslöhne inzwischen 700 Mark, und zwar West!

Oberleutnant Hoffmann raucht hinter seinem Schreibtisch eine Zigarette nach der anderen, immer die Marke *Real*. Siehst du die Gräber dort im Tal, das sind die Raucher von *Real*!

Stundenlang befragt Hoffmann mich nach Einzelheiten des Marburg-Gastspiels und wirft mir vor, seit Marburg hätten ich und die anderen Spötter mehrfach erklärt, im neuen Programm müsse gegen die Mißstände in der DDR schärfer geschossen werden.

»Diese Absicht«, sage ich, »gab es schon vorher. Wir wollten dabei mithelfen, bestehende Mängel und Schwächen zum Wohle des Volkes schneller zu beseitigen.«

Dem Herschel, Rolf hält Hoffmann die Aussage eines Zeugen vor, der beim Frühstück im Marburger Christlichen Hospiz gehört haben will, daß der Röhl den Herschel aufgefordert habe, ihn zum Abendbrot in die Studentenbude eines Burschenschaftsmitglieds zu begleiten. Herschel bestätigt diese Zeugenaussage, er hätte mit dem Röhl und dem etwa zweiundzwanzigjährigen Burschenschaftler dann auch tatsächlich zu Abend gegessen. »Unser Gespräch«, so Herschel, »hatte freundschaftlichen Charakter. Wir unterhielten uns über Sitten und Gebräuche der Burschenschaften und über die Stipendien in Ost und West, politische Gespräche wurden aber nicht geführt.«

Dies wiederum kann ich in meiner Vernehmung nur bestätigen. Ich schwärme von der Auswertung der Marburg-Reise zwei Tage nach unserer Rückkehr, weil mir inzwischen aufgefallen ist, daß Oberleutnant Hoffmann keine Anstalten macht, entlastende Tatsachen zu erwähnen. Der Rektor hat uns gelobt, Vertreter der Parteileitung und der FDJ bemühten sich eigens in den *Spötterkeller*, um uns dafür zu danken, daß wir westdeutschen Studenten mit unserem Programm gezeigt hätten, daß in Bonn alte Militaristen und Faschisten schon wieder in höchste Ämter aufgestiegen seien, und der Zentralrat des Jugendverbands hat uns sogar mit der Artur-Becker-Medaille in Silber belohnt. »In dieser Hinsicht«, sage ich, »war die Marburg-Reise positiv und wurde von der Karl-Marx-Universität auch so eingeschätzt.«

In diesem Sinne sagen auch die drei vertrauenswürdigen Begleitpersonen aus, die uns im Westen zur Seite gestanden haben. Ebenso berichtet GI Siegmar: »In Marburg trat das Kabarett als Ganzes politisch gut in Erscheinung.«

Hauptsachbearbeiter Hoffmann hat sich in die Sackgasse manövriert. Doch er kann auch anders. Um Furcht und Schrecken zu verbreiten, setzt er ein aussichtsreicheres Thema auf die Tagesordnung: »In welcher Form wurde die Person Walter Ulbrichts im Kabarett verleumdet?«

Nun gibt es kein Entrinnen mehr. Tausende Zuschauer könnten bezeugen, daß Sodann und Benecke in den Mei-Oddo-Dialogen lustvoll sächselten, und keiner von beiden kann ernstlich leugnen, daß sie damit ihn meinten, den Großen WU, wie Brechtkenner Herschel den Staatsratsvorsitzenden nennt.

Außerdem enthält Oberleutnant Hoffmanns Schreibtischschublade einen GI-Bericht mit entsprechendem Hinweis. Siegmar teilt mit, die Kabarettisten hätten für den Hausgebrauch ein Bewertungssystem geschaffen und mit den selbsterfundenen Maßeinheiten »Ulb« und »Chrustsch« hämisch die Durchschlagskraft von Reden großer Staatsmänner definiert. Dies deckt sich mit einem Bericht des Geheimen Zelleninformators aus Zelle 70, der die Abkürzungen »Ulb« und »Chrustsch« von Sodann selbst gehört hat. Diese Ausdrücke, so der Kammeragent, wären für sie der Gradmesser des politischen Inhalts langer Reden gewesen – ein »Chrustsch« gleich zehn »Ulb«!

Vor allem Unterleutnant Wällnitz ist Hoffmann in diesem Stadium der Ermittlungen eine starke Stütze; Wällnitz hat das Glück, einen Rolf Herschel in Selbstbezichtigungslaune zu erwischen. Da den Sicherheitsorganen der Studentenulk mit »Ulb« und »Chrustsch« bekannt ist, kann Rolf nicht viel falsch machen, wenn er aus seiner Sicht darstellt, um was für ein harmloses Vergnügen es sich gehandelt habe.

Unterleutnant Wällnitz notiert im Protokoll das Wesentliche: »Da ein einziges ›Chrustsch‹ zehn ›Ulb‹ entsprach, wurde unterstellt und rechnerisch ausgedrückt, daß für die Lektüre einer Ulbricht-Rede im Neuen Deutschland zehnmal weniger Intelligenz erforderlich sei als für eine Chrustschow-Rede.«

Nach diesen Einlassungen Herschels knöpft sich Wällnitz den Seidel vor. Wällnitz: »Seidel, woher stammt der Vorsitzende des Staatsrates der DDR Walter Ulbricht?«

Seidel: »Aus Sachsen, genauer gesagt, aus Leipzig.«

Wällnitz: »Wie spricht der Vorsitzende des Staatsrates der DDR Walter Ulbricht?«

Seidel: »Der Vorsitzende des Staatsrates Walter Ulbricht spricht die Sprache seines Heimatortes.«

Wällnitz: »Aus welchem Grund sprach Sodann auf der Bühne mit übertriebenem sächsischem Akzent?«

Seidel: »Weil das Kabarett seinen Sitz in Leipzig hat.«

Wällnitz: »Sie lügen, Seidel!«

Seidel: »Ich bleibe dabei! Wir verwendeten die Leipziger Umgangssprache, weil wir hauptsächlich vor Leipziger Publikum auftraten.«

Wällnitz mit Gebrüll: »Seidel, ich warne Sie! Bleiben Sie bei der Wahrheit!«

Bei der Wahrheit!

Schnafte hockt, in seinem grauen Kittel, auf einem Schemel, der am Boden fest verschraubt ist. Er sieht aus wie ein Penner, wie ein Assi, wie ein Kinderschreck, der in einem gruseligen Laienspiel den Konterrevolutionär geben soll. Die Wahrheit! Schnaftes Wahrheit ist nicht die Wahrheit von Unterleutnant Wällnitz; weil die Wahrheit von Wällnitz die Wahrheit von Handel ist, von Fröhlich und Oberleutnant Hoffmann, die Wahrheit der Staatsanwälte und Volksrichter, und eine größere Lüge gibt es auf der ganzen Welt nicht.

Diese Sorte Wahrheit schreibt Oberleutnant Hoffmann

nach dem eigentlichen Vernehmungsgespräch in seinen Protokollen nieder, immer in Anwesenheit des Beschuldigten, der zuhören darf, wie der Füllfederhalter seines Untersuchungsführers übers Papier kratzt. Zu sehen gibt es wenig. Außer blauem Zigarettenrauch nur einen Schreibtisch, einen grauen Stahlschrank, ein Regal mit roten Broschüren und dem Strafgesetzbuch.

Dies ist die Stunde des großen Schweigens, nur gelegentlich muß noch eine Zusatzfrage kurz beantwortet werden. Bei der Formulierung seiner Erkenntnisse folgt Oberleutnant Hoffmann der vom Ministerium vorgegebenen Vorschrift, wonach ein sozialistisches Vernehmungsprotokoll unbedingt in Dialogform abgefaßt sein muß. Schon in seiner Frage stellt der Ermittler stolz und mit voller Absicht seine Parteinahme für die gute Sache aus. Die Frage darf daher nicht lauten: Wurde im Kabarett eventuell auch mal über Walter Ulbricht gesprochen? Die Frage muß lauten: In welcher Form wurde die Person des Staatsratsvorsitzenden Walter Ulbricht verleumdet?

Oberleutnant Hoffmann verdichtet die Einlassungen des Beschuldigten in einen Frage-Antwort-Klartext, der Seite für Seite unterschrieben werden muß, damit der Staatsanwalt sich bei der Anklageerhebung darauf stützen kann. Jedes Protokoll endet stereotyp mit der Versicherung des Beschuldigten: »Ich habe das Vernehmungsprotokoll selbst gelesen. Der Inhalt desselben entspricht in allen Teilen den von mir gemachten Aussagen. Meine Worte sind darin richtig wiedergegeben.«

Nun entspricht der Inhalt so gut wie nie meinen Aussagen, und meine Worte sind so gut wie nie richtig wiedergegeben. Alle Tatsachen, die mich belasten sollen, treten überdeutlich hervor, Entlastendes kommt nicht zur Sprache. Anfangs versuche ich mehrmals meine Unterschrift zu verweigern. In dem einen oder anderen Fall ändert Hoffmann geringfügig, um seinen guten Willen zu zeigen; wesentliche Änderungen lehnt er mit dem Hinweis ab, was ihn betreffe, so habe er unbegrenzt Zeit, meine Bereitschaft zur Unterschrift abzuwarten.

Hoffmann schreibt das Wort »tolerant« regelmäßig mit

Doppel-L: »... vertrat er die Ansicht, die Partei sollte feindlichen Meinungen gegenüber tolleranter sein ...« Ich überlege, ob ich Konrad Duden zu Ehren meinen Vernehmer vielleicht aufmerksam machen sollte auf seine ungewöhnliche orthographische Tolleranz. Ich wage es nicht. Ich fürchte, daß er als mutmaßliches Arbeiterkind intellektuelle Überheblichkeit nicht tollerieren werde.

Hoffmann hat ohnehin genug Mühe mit Heinz-Martin Benecke, der den Redakteur in sich entdeckt und ständig Änderungen erzwingt: statt der Vokabel »Bedenken« wünscht er die Vokabel »Zweifel«, statt »scharf« wünscht er »negativ«, statt der sprachlichen Wendung »in den Grundfragen« wünscht er die relativierende Wendung »in einigen Grundfragen«. Oberleutnant Hoffmann kann es ihm einfach nicht recht machen, läßt ihn aber gewähren, weil er der jüngste der sechs ist und auf eine merkwürdige Art aufmüpfig. Ein Genosse der Festnahmegruppe amüsiert sich noch immer darüber, daß Benecke während seiner Zuführung demonstrativ das Parteiabzeichen am Revers getragen habe, erst im Kraftfahrzeughof der Haftanstalt hätten sie es ihm mit sanfter Gewalt abdrehen können: »Mit Parteiabzeichen in den Knast, nicht schlecht, Herr Specht!«

Und dann sind da noch die Querulanten Albani und Seidel, die Oberleutnant Hoffmann mit Leugnen, Zank und Streit die Zeit stehlen, gar nicht zu reden von dem Anarchisten Sodann, der ständig Wut im Bauch hat und manchmal Tränen in den Augen.

Hoffmann versucht ihm gegenüber einigermaßen unvoreingenommen zu bleiben; das gelingt ihm nicht, seit er weiß, daß Sodann die Funktionäre so sehr haßt, daß er sie am liebsten alle umbringen möchte. Hoffmann weiß, daß er selbst sich in diesem Sinne als Funktionär zu verstehen hat, und fühlt sich verpflichtet, den Leiter der Haftanstalt schriftlich zu warnen. Der Untersuchungsgefangene Sodann, Peter, schreibt er, sei verstockt, er sei ein Provokateur und zeige eine starke feindliche Einstellung zur DDR.

Auch Sodann stellt er die Frage der Fragen: »In welcher Form wurde die Person Walter Ulbrichts im Kabarett verleumdet?«

Sodann, verstockt und provokatorisch: »Es hat im Kabarett niemals Situationen gegeben, in denen eines der Kabarettmitglieder Walter Ulbricht verleumdete.«

Frage: »Warum wurde dann die Stimme Walter Ulbrichts nachgeahmt?«

Antwort: »Es ist niemals geschehen, daß die Stimme Walter Ulbrichts nachgeahmt wurde. Jedoch wurde wiederholt von mir und anderen die sogenannte Funktionärssprache nachgeahmt, was der Stimme Walter Ulbrichts ähnlich klang.«

Frage: »Was ist unter Funktionärssprache zu verstehen?«

Antwort: »Damit meinten wir die Sprache von Funktionären in langweiligen Referaten, durch die sich die Zuhörer nicht angesprochen fühlen.«

Frage: »Wieso gleicht dies der Sprache Walter Ulbrichts?«

Antwort: »In dieser Beziehung gleicht es der Sprache Walter Ulbrichts nicht, jedoch wurde dies im Tonfall seiner Sprache getan, was den Anschein erweckte, daß wir diese nachahmen.«

Frage: »Was wird mit den Bezeichnungen ›Ulb‹ und ›Chrustsch‹ gesagt?«

Antwort: »Was damit gesagt wird, weiß ich nicht, weil mir die Bedeutung dieser Bezeichnungen unbekannt ist.«

»Lügen Sie nicht!« Oberleutnant Hoffmann springt auf, stützt beide Arme auf die Schreibtischplatte und starrt Sodann wütend an. »Sagen Sie wahrheitsgemäß aus, Sodann!« Ohne den Blick abzuwenden, zieht er seine Schublade auf, nimmt ein Protokoll heraus und schockt Sodann mit Herschels Selbstbezichtigungen.

Diese Texte frischen Sodanns Gedächtnis auf, und Oberleutnant Hoffmann kann fortfahren mit seiner Vernehmung.

Frage: »Weshalb wurde unter Anwendung der Bezeichnung ›Ulb‹ und ›Chrustsch‹ der Wert von Reden des Vorsitzenden des Staatsrates der DDR und des Vorsitzenden des Ministerrates der UdSSR ausgedrückt?«

Antwort: »Dies geschah, wie ich mich aufgrund des Hinweises zu dieser Bewertung erinnere, um zu sagen, inwieweit wir deren Reden für bedeutsam halten. Aus diesem Grund haben ich und andere mit einem Vergleich von mehreren ›Ulb‹ zu einem ›Chrustsch‹ gesagt, daß die Reden von Walter Ulbricht von geringerer Bedeutung sind. Zum anderen wurde damit ausgedrückt, daß ich es nicht für nötig halte, diese Reden zu lesen ...«

6
Debbe

Dreimal täglich gibt's was zu beißen, die Mittagsmahlzeiten sind zugleich unser Kalender. Montag: leckere Haferflockensuppe, Dienstag: leckere Nudelsuppe, Mittwoch: Pellkartoffeln mit Hering nach Hausfrauenart, Donnerstag: leckere Flecke, Freitag: Weißkohl, die Artischocke des Nordens, in Eintopfgestalt, Sonnabend: Kartoffelsuppe und am Sonntag der Höhepunkt: Salzkartoffeln und eine Scheibe Braten von Rind oder Schwein. Frühstück: Malzkaffee und zwei Scheiben Mischbrot mit Marmelade, Abendbrot: zwei Scheiben Mischbrot mit Margarine und Teewurst, dazu ein Töpfchen Kräutertee, ungesüßt.

Die emaillierten Kaffeetöpfe werden in der Zelle aufbewahrt. Um Getränke empfangen zu können, morgens den Muckefuck, abends den Tee, dürfen wir die Töpfe auf einen entsprechenden Befehl hin unseren Wärtern stumm entgegenstrecken. Ein dicker Unteroffizier mit Knautschgesicht und roter Nase, auf Kriegsfuß mit der hochdeutschen Phonetik, sagt: »Debbe!« und meint »Töpfe«.

»Debbe!« zum Frühstück und, wenn er Spätschicht hat, »Debbe!« zum Abendbrot. Das Wort »Debbe!« versteht auch, wer kein Sachse ist; darum heißt der Unteroffizier mit der roten Nase in allen Zellen »Debbe«.

Weder die Untersuchungsführer noch die Schließer stellen sich uns mit Namen vor. Wir aber reden ständig über sie, über wen sollten wir sonst reden.

Was machen sie nach Schichtschluß? Spielen sie mit ihren Frauen und Kindern? Wahrscheinlich. Spielen sie Skat mit Genossen? Geht Debbe am Sonntag ins Scheibenholz, um seinen Lohn auf der Pferderennbahn zu verzocken? Wir unterhalten uns über ihre vermeintlichen Macken, und ein bißchen

Mitleid schwingt immer mit; schließlich haben sie schon lebenslänglich. Im Gegensatz zu uns, die wir noch nicht LL haben! Wie die Schafe schließen sie sich jeden Morgen freiwillig selber in ihre »Wächterburg« ein.

Um ihr Tun und Lassen überhaupt kommentieren zu können, müssen wir ihnen Namen verpassen. Den einen nennen wir den Dicken, den anderen den Dünnen. Ein junger rotwangiger Unteroffizier heißt Appelbacke. Ein scharfer Hund! Der Sani dagegen ist ein väterlicher Typ, und das soll er vermutlich auch sein. In seiner Sani-Zelle fotografiert er uns fürs Verbrecheralbum – einmal en face, einmal Profil rechts, einmal Profil links. Er nimmt unsere Fingerabdrücke: »Gommse, gommse – Glavierspieln!«

Vor allem aber sorgt er sich um unsere Gesundheit. Stolz trägt er bei seiner Visite den weißen Sanikittel spazieren. Er ist unser Halbgott in Weiß und verordnet bei inneren Gebrechen immer die gleiche unschädliche, neutralisierende Pille mit dem sächsischen Namen Neidralon. Zur äußerlichen Anwendung im Intimbereich, als Einreibung gegen Sackratten, zieht er die stark färbende Lösung Kaliumpermanganat vor: »Das is gesund, das ham die Diersch'n gerne!«

Einen Unteroffizier mit schwarzem Haar nennen wir Adi, weil er dem ehemaligen Führer ähnelt, zur Vollkommenheit fehlt ihm nur die Rotzbremse auf der Oberlippe. Der Oberfeldwebel, der die Häftlinge dem Vernehmer zuführt, heißt wegen der damit verbundenen Lauferei »der Läufer«.

Kein Name aber ist so plausibel wie Debbe. In Zelle 70 ist Sodann die Nummer eins, Rubitsch die Nummer zwei. Ihnen wird als Häftling Nummer drei der Genosse Kowalski zugewiesen, vor kurzem noch Direktor der Großmarkthalle. Er hat Bananen verkommen lassen. Kostbare Südfrüchte! Statt sie rechtzeitig der Sonderversorgung zuzuführen, hat er sie in matschig-geschwärztem Zustand vor einer Schweinemästerei abkippen lassen. Der unglückselige Kowalski ist erst vor wenigen Stunden in die »Wächterburg« eingerückt. Zum Abendbrot schließt Debbe Zelle 70 auf und ruft das übliche »Debbe!«.

Kowalski macht artig seinen Diener: »Angenehm, Kowalski!« Nobel geht die Welt zugrunde.

Oberleutnant Hoffmann begrüßt selbstverständlich aus vollem Herzen die Maßnahmen des 13. August, wie die Häftlinge empfindet aber auch er die daraus folgende Überbelegung der Haftanstalt als Erschwernis. Beim Kampf mit dem Beschuldigten um Offenheit und Aussagebereitschaft, Genossen, können Isolation und Einsamkeit des Strafgefangenen sehr produktiv sein. Allein lebt es sich nun mal schlecht, der Mensch versteht sich als geselliges Wesen.

Der Mensch will doch mit jemandem reden, auch wenn es nur Lügengeschichten sind, die er erzählt, Blabla, heiße Luft. Ständig möchte der Mensch all seine fünf Sinne beschäftigen und auch mal den siebten. Sein Auge will sehen, was aber gibt es in der kahlen Einzelzelle schon zu entdecken. Sein Ohr will hören, doch es hört nicht einmal »Debbe!«. In der Einzelhaft wäre »Debbe!« auch fehl am Platz, weil es sich bei »Debbe!« um einen Plural handelt.

Selbst ein schrecklicher Feind ist besser als gar kein Gesprächspartner. Mit wachsender Dauer des Vernehmungsprozesses fühlt sich der Gefangene, wie Oberleutnant Hoffmann in seinem Lieblingsfach Psychologie gelernt hat, dem Vernehmer mehr und mehr brüderlich verbunden, dagegen ist gar nichts zu machen, mehr und mehr verspürt er den Wunsch, seinem Peiniger bei der Geständnisproduktion ein paar Schritte entgegenzukommen.

Einzelhaft allerdings fällt wegen Überfüllung vorerst leider aus. Das Haus ist restlos ausgebucht. Für Hoffmann erfüllt dies fast den Tatbestand des humanen Strafvollzugs; wir Häftlinge sind natürlich froh, weil wir allerhand Menschen kennenlernen.

In Untersuchungshaftanstalten ist es Brauch, daß die Gefangenen immer wieder von einer Zelle in die andere verlegt werden und von dieser in eine dritte, um Kameraderie, falsch verstandene Solidarität oder gar Hungerstreik im Keim zu ersticken. Das alles geschieht nach einem ausgeklügelten Belegungsplan der Anstaltsleitung. Daß die Dispatcher Gomorrha oder einen der vier anderen eines Tages in meine Zelle verlegen werden, ist völlig ausgeschlossen und kommt nicht mal aus Versehen vor.

Endlos lang sind die Tage, und beim Geschichtenerzählen kann man sich Zeit lassen. Peter Seidel führt das Schicksal mit einem jungen Mann aus Böhlen zusammen. Dieser Jugendliche mißbraucht, gemeinsam mit seiner Liebsten, die Nacht vom 12. zum 13. August dazu, im Schutze der Dunkelheit die Republik zu verraten. Das Pärchen versucht einen Grenzdurchbruch an der Glienicker Brücke bei Potsdam – an der »Brücke der Einheit«.

Ein anderer wird straffällig durch politische Uneinsichtigkeit. Er ist Schlosser im VEB Bodenbearbeitungsgeräte, und den Agitatoren der Partei gelingt es einfach nicht, ihn davon zu überzeugen, daß seine in der Frontstadt Westberlin lebende Mutter infolge der Grenzsicherungsmaßnahmen objektiv zur Handlangerin des NATO-Imperialismus geworden ist. Darum darf er sie nun natürlich nicht mehr besuchen. Dies vor allem ist es, was der uneinsichtige Schlosser nicht einsehen möchte. So bleibt eine Schubserei unter Genossen und Kollegen nicht aus, und er bekommt zu spüren, wie hart Arbeiterfäuste zuschlagen können, wenn es um die »gute Sache« geht. Die fällige Anklage wegen Widerstands gegen die Staatsgewalt in Tateinheit mit staatsfeindlicher Hetze und Propaganda läßt nicht lange auf sich warten.

Heinz-Martin schließt Freundschaft mit Harri. Harri ist Kellner und hat schon manches erlebt. Aber so etwas noch nicht: »Gommt ä Gast rein, weeßte, wo der her gommt? Aus'm Westen, genau. Der hat ä Gofferradjo am Mann, und was for Sender hört dieser Mann? In meiner Gneibe?! Westsender, genau! Heeflich saache ich zu dem: Stelln Se das Ding ab hier! Nach zehn Minuten gomm'ch widder vorbei, da läuft das Radjo immer noch. Ich saache: Stelln Se das Ding ab hier, das gibt's bei uns nich! Da sagt der Gast: Ich komme aus der Bundesrepublik, warum gibt es denn das hier nicht? Ich saache:

Wennde bei uns Westsender heerst, mei Bibbl, dann gehste ab in Knast, und soll'ch dir saachen, was dir da bassiert? Riebe runder! Dodesstrafe! Und dann setz'ch dem de flache Hand an seine Gurgel wie ä Gastriermesser … Na, aber da! Ä Deader, was gloobst denn du!«

Die Häscher der Stasi holen Harri ab, erstens wegen Mordhetze und zweitens, weil er behauptet habe, in der DDR wäre die Unfreiheit so groß, daß man nicht einmal Westsender hören dürfe. Und dann, sagt Harri, hätten sie so lange geforscht und gebohrt, bis sie endlich was gefunden hatten. »Ich war ja bei der Waffen-SS, mei Schunge, was gloobst denn du, und'ch hatte ja am Arm die Narbe von der SS-Nummer, die hatt'ch mir ja wegmachen lassen, hat dann am Ende aber nischt genitzt …«

Harri ist eine Seele von Mensch und möchte Heinz-Martin so gern eine Freude machen, er weiß bloß nicht, wie. Eines Tages fällt es ihm ein: »Du gommst frieher naus wie ich, Martin, garandiert, und wenn du naus gommst, weeßte, was de dann machst? Dann klingelste bei meiner Frau, bestellst ihr'n scheen' Gruß, saachst, daß mir beede gute Freinde sin, und dann saachste, ich hädde gesaacht, sie soll's dir machen, und dann machtse's dir. Die Gundel, die hat was droff, du wirst staunen, das hältst du nisch für meechlich! Die bindet dir ä Roßhaar um die Eischel, mei Gleener, und dann gehste ab wie 'ne Ragede! Die Gundel, oh ja, die is dir ä Goldstick, die wartet auf mich, unter Garandie …«

Mit Manfred Albani meint es das Schicksal besonders gut. Sein Verwahrraum erweist sich als Treffpunkt interessantester Zeitgenossen. Der eine, ein staatsfeindlicher Pastor aus Limbach-Oberfrohna, nutzt die Vernehmungen, um seinen Sachbearbeiter zu missionieren. »Was würden Sie denn sagen«, hält er ihm entgegen, »wenn sich plötzlich die Wand teilte, und Jesus Christus träte herein?« Ein anderer ist Opernsänger in Ostberlin und will nicht länger für »Holzdollar-Honorare« im Osten auftreten. Mit seinem Fluchtauto fährt er so lange an den Grenzsicherungsanlagen hin und her, bis es den Grenzorganen wie Schuppen von den Augen fällt: Der will abhaun,

Genossen! Darum gastiert er folgerichtig für naß in der »Wächterburg«. Sein kraftvoller Bariton rührt mit Arien der Sehnsucht auch Debbe draußen auf dem Gang: »Hast du dort droben vergessen mich ...«

Albani ist Zellengefährte eines Bahnbeamten, der Opfer seiner Ungeduld geworden ist. Das ganze Gefängnis hat von seinem Pech gehört. Dieser vom Talmiglanz des Wirtschaftswunders verblendete Reichsbahner nutzt die Chancen des grenzüberschreitenden Güterverkehrs. Von den Organen unbemerkt, gelingt es ihm, sich rechtzeitig vor dem Verplomben in einen Waggon zu mogeln. Dann geht die Reise westwärts mit einem kurzen Halt hier und einem längeren Halt da. Mal dröhnt der Hammer eines Rangierers prüfend gegen die Achsen, mal ertönt von fernher eine blecherne, unverständliche Durchsage aus einem Bahnhofslautsprecher. Stunde um Stunde verrinnt, wie viele Stunden, weiß er nicht genau, denn in der Aufregung hat er seine Uhr vergessen. Schließlich hält der Zug ganz besonders lange. Die Gesprächsfetzen von draußen hören sich fränkisch an! Hurra, es ist geschafft! Er wummert mit den Fäusten gegen die Waggonwand: »Hallo! Aufmachen! Sofort aufmachen! Ich komm aus der Zone.«

Die Tür wird aufgerissen, und er blickt in die Mündungen scharf geladener Kalaschnikows. Scheiße, erst Probstzella!

Von diesem Abenteuer des deutsch-deutschen Schienenstrangs erzählt mir Erhart von Vacano, und der hat es vom Pastor aus Limbach-Oberfrohna. Erhart ist Sohn eines Etruskologen aus Tübingen, ein paar Jahre jünger als ich. Die Liebe zum weiten Meer ist schuld daran, daß er nicht als Matrose, sondern als Knastologe im Kahn sitzt.

In Tübingen ist es ihm zu eng. Ihn zieht es mit Macht zur christlichen Seefahrt, er braucht jedoch, um anmustern zu können, unbedingt eine schriftliche Genehmigung des Vaters, denn im Westen ist der Mensch erst mit einundzwanzig volljährig. Erhart ist achtzehn, und der strenge Vater verweigert ihm die Genehmigung. Doch Erhart, obwohl erst achtzehn, ist ein Mann eiserner Entschlüsse. Er brennt durch. Ohne

Gruß und ohne Kuß verläßt er das Haus und schlägt sich nach Hamburg durch. Von Fernweh zerrissen, muß er im Hafen mit ansehen, wie ein Frachter Volkswagen für Kanada lädt. Ein Kinderspiel, als blinder Passagier im Auto versteckt aufs Schiff zu gelangen. Doch wie dann weiter in Kanada?

Ist es nicht vernünftiger, kleinere Brötchen zu backen und in die Ostzone zu flüchten, wo der Mensch bereits mit achtzehn Mensch ist und anheuern darf? Auch wäre es, nebenbei gesagt, nicht schwierig, im Fall des Scheiterns als verlorener Sohn reumütig in den Westen zurückzukehren. Auch kostspielig wäre es nicht – nur zwanzig Pfennig Ost für die S-Bahn ab Friedrichstraße.

Erhart von Vacano fährt nach Lübeck. In der Abenddämmerung marschiert er Richtung Osten. Bei Schlutup ein Schild: »Zur Grenze«. Ein Trupp Bundesgrenzschutz kreuzt auf. Vacano geht in Deckung. Läßt sein Vater ihn etwa schon suchen? Am Himmel erglimmen die ersten Sterne. Hunde bellen.

Er überquert eine mit Katzenköpfen gepflasterte Straße, hört einen Bollerwagen sich nähern ... Es ist nur sein rasendes Herz.

Er bewegt sich auf eine Straßenlaterne zu ... Es ist nur der Mond.

Ein Schild: »Achtung! 50 Meter bis zur Grenze. Lebensgefahr!«

Im Mondlicht sieht er einen Wachturm und erreicht den mit deutscher Gründlichkeit geeggten Grenzstreifen. Geräuschlos robbt er hinüber bis an ein Metalltor. Er erkennt zwei Soldaten. Der eine spielt gelangweilt mit seiner Taschenlampe.

Vacano erschreckt die beiden mit einem höflichen »Guten Abend!«.

Die Grenzer erwidern seinen Gruß mit einem herzlichen »Hände hoch!«. Ein ganzes Feuerwerk von Leuchtspurmunition wird abgefeuert: Halali, Grenzverletzer geschnappt! Keine Reaktion, weder vom Nord- noch vom Südabschnitt. Alles schläft. Rasselnd wird das Metalltor für Erhart von Vacano aufgeschlossen.

»Was ist los«, fragt der Grenzer, »gefällt's dir nicht mehr im Westen?«

Da keiner erscheint, um den Grenzverletzer abzuführen, machen sie sich zu zweit auf den Weg ins Hinterland, und zwar mit einem alten Herrenfahrrad. Vacano hockt auf der Querstange. Er lenkt. Der Grenzer muß treten. In Sichtweite des Lagers steigen beide ab. Von nun an muß Vacano das Rad schieben, der Grenzer marschiert hinter ihm, die Maschinenpistole im Anschlag.

»Was wollen Sie in der DDR?« So lautet die erste Frage bei der ersten Vernehmung.

»Ich bin von zu Hause abgehauen«, sagt Vacano und fügt erklärend hinzu: »Für mich gibt es keine Grenze, für mich gibt es nur ein einziges Deutschland, keine Bundesrepublik und auch keine Ostzone ...«

Der Vernehmer stürzt sich auf ihn mit Gebrüll: »Das heißt nicht Ostzone, sondern Deutsche Demokratische Republik!« Im übrigen wisse er genau, daß Vacano in geheimer Mission unterwegs sei. »Sie sind ein Agent!« Standhaft leugnet der Agent und beteuert immer aufs neue seine redlichen Absichten. Zur See fahren wolle er, weiter nichts.

Nun verfügt die DDR-Seereederei zwar über Schiffe, es sind aber nicht so viele, daß Experten sie guten Gewissens als Flotte bezeichnen könnten. Dennoch kommen die Behörden Vacano entgegen. Sie entsenden ihn nach Regis-Breitingen bei Leipzig, in eine Brikettfabrik, wo er den Beruf eines Spitzendrehers erlernen und in seiner Freizeit bei der Seesportgruppe der »Gesellschaft für Sport und Technik« mitrucksen kann. Zu seiner Freude sind nicht nur ein paar morsche Jollen und Angelkähne vorhanden, sondern sogar drei Kutter mit Besegelung, die munter auf dem Braunkohlesee hin und her kreuzen.

Der Neue kommt gleich ganz groß raus. Er kann nicht nur besser segeln als die sächsischen Matrosen, sondern auch besser morsen, winken und knoten; das alles hat er in Tübingen bei der Marinejugend gelernt. Es dauert keine drei Wochen, da übergibt ihm der Gruppenleiter das Kommando, und Käpt'n

Vacano ist seinem Lebensziel wieder einen Schritt näher gekommen.

Der Karriereknick folgt auf dem Fuße – am 13. August.

Die U-Bahn fährt für ihn nicht mehr. Den Haß, der bisher seinem Vater galt, richtet er nunmehr voll und ganz gegen die Arbeiter-und-Bauern-Macht. Er malt Flugblätter von der Sorte, die Staatsanwälte nicht schätzen: »Nieder mit dem russischen Neofaschismus in der DDR!« Seine Komplizen kleben die Zettel bei Nacht und Nebel an Leipziger Fassaden und leisten so ihren bescheidenen Beitrag zur Sichtwerbung während der Herbstmesse. Der FDJ-Sekretär wird dabei geschnappt, in flagranti. Wenige Stunden später kennen die Sicherheitsorgane den Autor der Hetzplakate.

Er sitzt in meiner Zelle und singt aus voller Brust:

Auf und nieder gehen die Posten,
dreifach ist umstellt das Haus.
Flucht kann nur das Leben kosten,
keiner, keiner kann heraus.
Wir sind die Moorsoldaten
und ziehen mit dem Spaten …

Weiter kommt er nicht; denn der Posten hämmert wie wild gegen die Tür. Mit ohrenbetäubendem Knall springen die Riegel auf. Der Läufer führt den Sänger im Eilmarsch zum Anstaltsdirektor.

Anstaltsdirektor: »Was veranstalten Sie da eigentlich für Kulturprogramme in Ihrer Zelle?«

Vacano: »Ich singe.«

Anstaltsdirektor: »Aber nicht dieses Lied! Nicht Sie, von Vacano, Sie nicht!«

Vacano: »Seit wann ist es in der DDR verboten, fortschrittliche Lieder zu singen?«

Darauf will dem Anstaltsdirektor eine einleuchtende Antwort nicht einfallen, weshalb der Gefangene nun fortschrittliche Lieder singen darf, sooft er will, »bloß nicht so provokatorisch laut«.

Insgeheim beneide ich Erhart von Vacano. Er ist mutig, und er ist unsentimental. Meckernd lacht er, als ich ihm mein Herzkämmerlein öffne. Ich hätte, sage ich, in meiner ersten Knastwoche gedacht: Gleich öffnet sich die Zellentür, der Oberleutnant kommt rein, geht vor mir zu Boden, erfleht meine Verzeihung und schickt mich auf der Stelle nach Hause. »Man denkt immer, man müßte was Unrechtes getan haben, um im Gefängnis zu landen!«

Vacano denkt das nicht. Im Gegensatz zu mir fühlt er sich ganz und gar nicht unschuldig. Er hat was getan. Er weiß, warum er im Knast sitzt. Er sei selber schuld, sagt er. Er habe Flugblätter gemalt und würde es wieder tun, er sei tatsächlich ein Feind des Zonenregimes. »Daß der Staat zurückschlägt, ist doch logisch.« Außerdem, findet er, solle ich nicht so sentimentale Scheiße reden, schließlich seien nicht nur wir beide, die Gefangenen von Zelle 57, eingesperrt, nein, seit ein paar Wochen müsse das halbe deutsche Volk hinter Stacheldraht leben. Die Chinesische Mauer sei wenigstens noch gegen den Feind gebaut worden, und ihm wäre sowieso schleierhaft, warum ich nicht abgehauen bin, als das noch leicht möglich gewesen wäre.

Ja, warum nicht?

Das versuche ich ihm zu erklären. Und mir selbst. Mein Vater, sage ich, war bis Kriegsende ein armes Schwein, ein Knecht; wenn der Gutsherr in seiner Kutsche vorüberfuhr, habe er ganz tief die Mütze ziehen müssen. Mit der Bodenreform war dann Feierabend mit Mützeziehen, seitdem war er ein Bäuerlein, das endlich in Würde seine Familie ernähren konnte. »Er war frei, verstehste, freier Bauer auf freier Scholle ...«

»... unter russischer Kontrolle!«

Freiheit, Gleichheit, Brüderlichkeit, die klassenlose Gesellschaft, sage ich, das sei doch ein uralter Menschheitstraum, es dürfe nicht Reiche und Arme geben auf der Welt; alles solle allen gehören; schon vor hundert Jahren hätten die Berliner Revolutionäre an das Palais des geflohenen Prinzen von Preußen den Spruch »Eigentum der ganzen Nation« gemalt.

»Volkseigentum«, grinst Vacano.

»Richtig! Dafür muß man sich doch einsetzen; stell dir vor, es geht, und keiner macht mit!«

Leise schwebt das bunte Luftschiff Sozialismus durch den Raum.

»Die Utopien von gestern«, sagt Vacano, »sind der kalte Kaffee von heute.« Sein Vater ist Etruskologe, und er ist ein belesener junger Mann.

Mein feierlicher Ton geht ihm auf die Nerven. »Übrigens«, sagt er, »die Parteisekretäre sollen demnächst mit Pferden ausgerüstet werden.«

»Warum denn das?«

»Damit wenigstens die Spatzen hinter ihnen stehn!«

Den Sodann, der in den Vernehmungen so renitent ist, hätte Oberleutnant Hoffmann allzu gern isolieren lassen, doch so sind die Verhältnisse leider noch immer nicht. Der Sodann kann deshalb in Zelle 70 seinen Mitgefangenen dasselbe weismachen, was er bei der Vernehmung ständig erklärt: er selbst und seine Freunde seien überhaupt keine Staatsfeinde, sie fühlten sich der SED sogar eng verbunden, und es sei ihm völlig schleierhaft, warum die Staatssicherheit ausgerechnet sie hochgezogen hätte.

Seine Zellengenossen dagegen haben alle was auf dem Kerbholz. Der eine, ein junger Filmvorführer aus Borna, hat zusammen mit Erhart von Vacano DDR-feindliche Plakate geklebt und dem Bundestagspräsidenten Eugen Gerstenmaier einen schriftlichen Geburtstagsgruß nach Bonn gesandt, in dem er sich von diesem eine baldige Befreiung der DDR wünschte, die er zudem rüde als Sowjetzone bezeichnete. Und, hält man es für möglich, während der Leipziger Messe erscheint doch tatsächlich ein Messebesucher, der ihm konspirativ und milde sächselnd Grüße von Eugen Gerstenmaier aus Bonn bestellt.

Der andere hat eine Scheune angezündet, und das tut ihm nun leid. Sogar wenn er scheißend auf der Brille hockt, wehklagt er unter Tränen: »Wenn'ch doch nur drheeme wär!« Der nächste, ein fast achtzigjähriger Schmied aus einem Dorf bei

Leipzig, hat in der Kneipe einen Witz erzählt, der die Sicherheitsorgane pflichtgemäß zu einer Haussuchung inspiriert hat. Sie stellen eine Pistole sicher! Den historischen Sattelpuffer seines Ururgroßvaters, der einst, im Jahrhundert der Thurn und Taxis, sein Brot als Postreiter verdiente. Illegaler Waffenbesitz! Obwohl nicht mehr der Jüngste, blickt der Pistolero mit Gottvertrauen in die Zukunft: »Mag's werden, wie's will, ich gomm hier naus!«

Merkel ist Buchhalter einer Sämereien-Handlung. Auch er hat einen Brief geschrieben – an die richtige Adresse, an den Rat des Kreises. Er klagt die Arbeiter-und-Bauern-Macht wegen ungeheuerlicher Preiserhöhungen an, die Büchse Ananas habe vor wenigen Wochen noch achtzig Pfennig gekostet, neuerdings aber sei der Preis auf sieben Mark fünfzig emporgeschnellt, was unverschämt sei, eine Sauerei! Merkel hat vorsichtshalber anonym geschrieben, doch die Organe nehmen eine Schriftprobe von seiner Schreibmaschine, und schon geht's ab, im Frühtau zu Berge!

Mit Merkel und Rubitsch vergeht die Zeit einigermaßen flott. Zu dritt spielen sie das Gedankenspiel »Leipzig im Vorübergehn«. Einer darf gehen, sagen wir, durch die Hainstraße. Er schildert in allen Einzelheiten, welche Geschäfte und Kneipen am Wege liegen. »Links«, sagt Merkel, »das Riebeck-Bräu, rechts der KONSUM *Tausend kleine Dinge*, dahinter der Foto-Laden ...« Rubitsch fällt ihm ins Wort: »Stop! Erscht kommt mal der Friseur!« Nun darf Rubitsch – in Gedanken – gehen, so lange, bis ihn einer korrigiert. Ein gutes Spiel, denn Leipzig hat so viele Straßen, daß es sogar für Lebenslängliche reichen könnte. Alle drei flanieren sie kreuz und quer durch ein imaginäres Stadtzentrum, als befänden sie sich auf freiem Fuß und könnten, wenn sie wollten, in die nächste, beste Kneipe einlaufen.

Genosse Rubitsch ist Direktor einer Schweinemästerei gewesen. Auf einem solchen Posten stehst du von vornherein mit einem Bein im Zuchthaus. Wer in der Wirtschaft tätig ist, stolpert schnell über ein Wirtschaftsverbrechen.

Rubitsch hat laut Anklage 240 Tonnen Getreide verschoben, rechnet man zwölf Tonnen auf einen Waggon, ergibt das einen Güterzug von zwanzig Waggons Länge. Das Bezirksgericht hat ihn zu sieben Jahren verurteilt, die Berufung läuft, darum hängt er immer noch in der U-Haft rum. Ein-, zweimal die Woche geht er aber, gewissermaßen, für eine halbe Stunde auf Arbeit. Der Läufer holt ihn ab, damit er mit seinem ehemaligen Betrieb telefonieren kann. Rubitsch ist Fachmann durch und durch und steht per Telefon dem neuen Direktor mit fachmännischem Rat zur Seite. »Netter Junge«, sagt er, »aber natürlich fehlt ihm ä bißl Erfahrung.«

Rubitsch ist ein großer Mann mittleren Alters mit ein bißchen Bauch und ein bißchen Humor. »Ein Mann über vierzig ohne Bauch is ä Krippel«, sagt er. Sein Haar ist schwarz, und da sich die Gefangenen nur einmal die Woche rasieren, reift sein schwarzer Bartschatten bis zum nächsten Rasiertag regelmäßig zu einem furchterregenden Siebentagebart heran. Dabei ist er sensibel und leidet häufig unter Migräne. Stundenlang preßt er die Stirn an die kühle Zellenwand, um so den unerträglichen Kopfschmerz zu lindern.

Doch selbst dann noch ist er einer, der zuhört, wenn Merkel von der Vernehmung heimkehrt und ihm sein Leid klagt. Oder wenn Sodann das Schwein von Vernehmer verwünscht, das ihn jedesmal mit neuen Vorhaltungen quält und ihn anbrüllt, wenn er wagt, dagegen anzustreiten. Der Oberleutnant sagt Sodann auf den Kopf zu, er habe wörtlich behauptet, das Staatsoberhaupt Walter Ulbricht sei weniger bedeutend als der große Stalin ... Der Oberleutnant sagt ihm auf den Kopf zu, er, der Beschuldigte Sodann, habe als Lehrling im VEB Elektrowärme Sörnewitz am 17. Juni 1953 gestreikt! Oberleutnant Allwissend ist sogar bekannt, daß der »Rat der Spötter« am 10. Jahrestag der DDR im Festumzug einen Thespiskarren an der Tribüne vorbeigemogelt habe, dessen Räder mit einer politisch feindlichen Losung beschriftet waren: *10 Jahre DDR – 10 Jahre Satire!*

Sodann ist ratlos.

Woher weiß der Vernehmer solche Sachen?

Rubitsch zuckt die Achseln. Ein-, zweimal die Woche holt der Läufer ihn ab, damit er unten in der Schreibzelle mit seiner klaren, gut lesbaren Schrift all das niederschreibt, was ihm von Sodanns Erzählungen im Gedächtnis haftengeblieben ist. Er genießt das Vertrauen des Untersuchungsorgans und darf sich als geheimer Informator bewähren, um seine Strafe vielleicht um ein paar Wochen zu verkürzen. Jeder seiner dreizehn Berichte beginnt mit den Worten: »Peter Sodann erzählte ...«

»Peter Sodann erzählte, im Sommer 1961 hätte er an einem Sportfest der Filmhochschule in Babelsberg teilgenommen. Beim Tanzabend nach dem Sportfest hätte man Tanzmusik vom Sender RIAS gehört, und es wäre auch gegen die DDR gehetzt worden. Die meisten Studentinnen wären westlich gekleidet gewesen. Viele von ihnen trügen amerikanische Armeemäntel mit Kapuze, diese hätten sie in Westberlin in einem US-Armeemagazin käuflich erworben ...«

»Peter Sodann erzählte, die Arbeiterklasse in Deutschland würde viel fester zusammenstehen, wenn Ernst Thälmann noch lebte. Teddy Thälmann war eine wirkliche Persönlichkeit, Walter Ulbricht dagegen hätten viele Leute bis Kriegsende doch gar nicht gekannt ...«

»Peter Sodann erzählte, er und andere Mitglieder des Kabaretts hätten sich gegenseitig politische Witze über Walter Ulbricht erzählt. Diese Witze wären harmlos gewesen, es wäre ihnen nie bewußt geworden, daß sie damit eine strafbare Handlung begehen ...«

7
Die sogenannten politischen Witze

Oberleutnant Hoffmann ist einer von den ganz Sprachsensiblen. Er lehnt es ab, Strafgefangene nach Politischen und Kriminellen zu unterscheiden. Er kennt nur Beschuldigte. Diese haben zumeist gegen Strafgesetze verstoßen, und wer Gesetze bricht, ist kriminell.

Ebensowenig mag er politische Witze, über die zu lachen sich selbst gute Genossen nicht zu schade sind. Hoffmann kennt keine politischen, er kennt nur »sogenannte« politische Witze, genauer gesagt, Verbrechen gegen das Strafrechtergänzungsgesetz: »Wer gegen die Arbeiter-und-Bauern-Macht hetzt, wird mit Gefängnis nicht unter drei Monaten bestraft.«

Belastungsmaterial dieser Art erwartet er von allen Zuträgern, Kontaktpersonen und sonstigen Zeugen. Aussage des Zeugen Oskar S.*: »Seidel hetzte gegen die gesellschaftlichen Verhältnisse in der DDR, indem er fortwährend mit zunehmender Intensität im Fakultätsgebäude – im Speiseraum, auf den Korridoren, im Seminarraum und im Hörsaal, in den Pausen und beim Mittagessen – sogenannte politische Witze weiterverbreitete. Immer wenn er neue Formulierungen derartiger Hetze kennengelernt hatte, verbreitete er diese weiter.«

Oberleutnant Hoffmann hat um drei Ecken herum erfahren, ich hätte für die sogenannten politischen Witze den Begriff »Feindwitze« erfunden. Seine Schubladen sind mit Feindwitzen voll bis zum Rand. Zunächst pflegt jeder Beschuldigte zu leugnen, daß er sogenannte politische Witze jemals gehört hat. In solchen Fällen greift Hoffmann in seine Schubladen und findet auf Anhieb ein paar Protokolle, die beweisen, daß der Leugner sogenannte politische Witze sogar selbst lustvoll kolportiert hat. Auch ich muß ihm Witze erzählen; mir scheint, er kennt sie schon alle.

Oddo und Rischard betreten ein Schuhgeschäft. Sagt Oddo: »Bitte ein Paar Halbschuhe.« – Verkäuferin: »Hamwa nich.« – »Dann bitte Turnschuhe.« – »Hamwa nich.« – »Arbeitsschuhe.« – »Hamwa nich.« – »Wanderschuhe.« – »Hamwa nich.« – »Hausschuhe.« – »Hamwa nich.«

Sagt Rischard: »Na, dann hilft's nich, mei Oddo, dann überholen wir Westdeutschland eben barfuß!«

Ein bunter Kiesel verliert, sobald wir ihn aus dem Meer fischen, seine Strahlkraft und Brillanz; ähnlich ergeht es dem sogenannten politischen Witz, wenn er nicht erzählt, sondern niedergeschrieben wird. »Zwei Männer«, schreibt Hoffmann in sein Protokoll, »gehen gemeinsam in ein Schuhgeschäft. Der eine will Halbschuhe kaufen, worauf die Verkäuferin erklärt, daß es die nicht gibt. Danach verlangt er ein Paar andere Schuhe, die es ebenfalls nicht gibt. Deswegen verlangt er schließlich Turnschuhe, dann Hausschuhe, die er gleichfalls nicht bekommt. Daraufhin sagt der andere Mann: ›Na, dann hilft es nicht, dann werden wir Westdeutschland eben barfuß überholen!‹«

Von der Vernehmung Herschels erwartet Oberleutnant Hoffmann besonders viel. Die Fragen prasseln nur so nieder auf Rolf. »Welche sogenannten politischen Witze erzählten Sie? Wie erzählten Sie diesen sogenannten politischen Witz? Warum erzählten Sie diesen sogenannten politischen Witz, der sich in gemeinster Art und Weise gegen den Vorsitzenden des Staatsrates Walter Ulbricht richtet?«

Zunächst zeigt Herschel sich kooperativ; in der Sprache der Protokolle liest sich das so: »Ich gebe zu, daß dieser sogenannte politische Witz sich in gemeinster Art und Weise gegen den Vorsitzenden des Staatsrates Walter Ulbricht richtet. Ich habe gedacht, wenn Mitglieder der SED wie Sodann und Benecke sich über Walter Ulbricht lustig machen, dann kann ich das auch ...«

Hoffmann stößt nach: »Dieser sogenannte politische Witz richtet sich aber in gemeinster Art und Weise gegen Walter Ulbricht, warum erzählten Sie ihn?«

Herschel: »Dazu kann ich nur sagen: aus Dummheit.«

Hoffmann: »Sie werden aufgefordert, der Wahrheit entsprechend auszusagen!«

Herschel: »Wenn ich gewußt hätte, daß das Erzählen sogenannter politischer Witze strafbar ist, hätte ich keine erzählt. Ich habe gedacht, ein Witz ist bloß ein Witz ...«

Hoffmann: »Das beantwortet nicht meine Frage, warum Sie gegen die gesellschaftlichen Verhältnisse in der DDR hetzten. Sagen Sie wahrheitsgemäß aus!«

Damit hat Hoffmann die Schraube überdreht. Nun wird auch der stille, feine Herschel laut: »Ich lehne es ab, daß blöde Witze zum Gegenstand der Beweisaufnahme gemacht werden! Als Grafiker und beim Bau des *Spötterkellers* habe ich bewiesen, daß ich kein Feind der DDR bin.«

Hoffmann: »Was Sie im *Spötterkeller* aufgebaut hatten, ist durch Ihre feindlichen Äußerungen längst wieder eingerissen worden! Also – warum erzählten Sie DDR-feindliche sogenannte Witze?«

Herschel: »Ich lehne die Frage ab, denn ich bin kein Feind der DDR!«

Da muß Oberleutnant Hoffmann ausnahmsweise mal ein bißchen lächeln. Wer Feind der DDR ist, bestimmt natürlich nicht Herschel!

Zornausbrüche und tränenreiche Proteste gehen Hoffmann sowieso am Gesäß vorbei, auch Liebesbriefe an den Staatsratsvorsitzenden.

Genosse Walter Ulbricht ist gewiß außer sich vor Freude über einen Brief aus der Feder des Knastsozialisten Peter Sodann.

»Sehr geehrter Herr Vorsitzender des Staatsrates«, schreibt Sodann, »heute wurde mir Gelegenheit gegeben, Ihnen meine große Bitte vortragen zu dürfen.« In wenigen Sätzen stellt er sich und sein Kabarett kurz vor und beschwert sich über das Verbot des Programms. »Daß wir mit diesem Programm hetzen und die Konterrevolution vorbereiten wollten, ist mir und meinen Freunden nie in den Sinn gekommen. Inzwischen bin ich ja schon etwas ruhiger geworden, aber dieses Grauen vor der Zelle! Die Sehnsucht nach draußen, nach meiner Braut, nach den Freunden, nach der Arbeit, nach dem Leben ist so groß, daß ich Sie anflehe, uns die Freiheit wiederzugeben. Können Sie sich vorstellen, wie verzweifelt ich bin, es ist zum Wahnsinnigwerden. Viele Bekannte, das weiß ich genau, werden sagen: Siehste, das hat er nun davon, er mußte ja überall dabeisein! Die ganze Literatur habe ich in Gedanken abgegrast nach Menschen, die über eine Sache schimpfen, weil sie sie lieben. Vielleicht kann man uns ja irgendwie anders bestrafen als unbedingt durch Freiheitsentzug. Für mich hat das Leben hier drinnen aufgehört, das große Hoffen hat begonnen. Und es geht nicht nur um mich allein, es geht um alle Menschen, die mich gern haben. Ebenso geht es meinen Freunden, ich bitte für sie in gleicher Weise …

In großer Hoffnung grüßt Sie herzlichst

Ihr Peter Sodann«

Zuallererst liest diesen Brief Oberleutnant Hoffmann, und ihm entgeht nicht die romantische Masche, mit der Absender Sodann sich schützend vor seine Freunde stellt – der geborene Rädelsführer. Walter Ulbricht dagegen kann natürlich nicht jeden x-beliebigen Brief lesen oder gar beantworten, darum übersendet seine Kanzlei die Eingabe zur Bearbeitung zuständigkeitshalber der Leipziger Staatsanwaltschaft. Anstelle des Staatsratsvorsitzenden antwortet Staatsanwalt Panzer dem Beschuldigten: »Sie erstreben eine gründliche Untersuchung im vorliegenden Fall. Diese ist durch das laufende Ermittlungsverfahren garantiert.«

Die Zeit vergeht, die Frist, die der Bezirksstaatsanwalt für die Ermittlungen gesetzt hat, läuft gnadenlos ab. Weihnachten sollte alles in Papier und Tüten sein, und es hatte ja auch alles mal so schön begonnen. Major Pommer, Leiter der Abteilung IX, hat den Fall im September von der Abteilung V/6 übernommen. »Die Beschuldigten betreiben Gruppenbildung und führen Untergrundtätigkeit in Form von ideologischer Diversion durch«, so Major Peterhänsel in seinem Bericht. »Dabei nutzen sie ein satirisches Kabarett aus, um ihre Hetze in die Öffentlichkeit zu bringen. Sie werden der Plattformbildung mit eigener Konzeption auf der Linie Harich beschuldigt.«

Offenbar haben die Genossen der Abteilung V den Mund mal wieder ein bißchen zu voll genommen. Pommer ist über die enttäuschenden Resultate höchst ungehalten. Der Sachstandsbericht, den ihm sein Hauptsachbearbeiter am 11. 11. kurz nach 11 Uhr 11 vorlegt, bietet, von einem ellenlangen Gutachten abgesehen, wenig Neues. Oberleutnant Hoffmann aber hält es für angebracht, seinen Bericht mit fragwürdigem Optimismus zu dekorieren: »Die Untersuchungen sollen bis Mitte Dezember 1961 abgeschlossen sein.«

Und Professor Kuckhoff, Direktor der Theaterhochschule, schreibt in seinem Gutachten: »Kein wichtiges Gebiet bleibt im Programm verschont, unsere Demokratie, unsere Wirtschaft, unsere Kulturpolitik, unsere Hochschulpolitik, die Arbeit unserer Funktionäre, das Verhältnis von Staat und Mensch, Walter Ulbricht als Vorsitzender unseres Staatsrates – alles wird gleichermaßen zum Gegenstand massiver negativer Kritik. Die objektive Wirkung ist eine Beförderung konterrevolutionärer Versuche zur Störung unseres Aufbaus.«

Satire, helfende Kritik oder Angriff? Das ist die bohrende Frage, die sich Professor Kuckhoff auf jeder der achtunddreißig Seiten seines wissenschaftlichen Gutachtens immer wieder stellt, und es gelingt ihm, die subtil-feindlichen Mittel und Methoden aufzudecken, mit denen diese »Kabarettisten« zu Werke gehen: Durch Gedankenassoziation etwa wird ein gegebener Text »hintergründig«. Dies weist der Gutachter unter anderem an einer Textstelle nach, in der hintergründig der Name des DDR-Kulturministers Hans Bentzien fällt: »Benzin müßte mal ä bissel dran …« Vordergründig, so der Gutachter, werde das Stichwort »Benzin« als harmloses Wortspiel angeboten, aber! Die Wörter »Bentzien« und »Benzin« nimmt das menschliche Ohr hintergründig für ein- und dasselbe, diese Assoziation leitet den Hörer des Textes also zu einer Gedankenkette, die »notwendig zu den brennenden Kiosken des 17. Juni« führt, »zu den Brandstiftungen anläßlich der Konterrevolution in Ungarn«. So gesehen, paßt der Schlußgesang vorzüglich in die feindliche Gesamtkonzeption:

Was an uns liegt, ist getan,
die Zeit ist reif, drum drauf und dran!
Wir machen Jagd auf allen Schund,
dann kommt der Hund bald auf den Hund …

Frage: »Wer ist mit ›der Hund‹ gemeint?«

Es geht erst dann bei uns voran,
legt ihr dem Hund den Maulkorb an.
Leute, hört unsere Signale,
dann ist's mit dem dicken Hund Finale.

»Was heißt, ›was an uns liegt, ist getan‹? Das ist zweifellos eine an den Zuschauer gerichtete Aufforderung, nun das Seine zu tun. Was ist das Seine? Dem Hund den Maulkorb anlegen. Wem also? Den Funktionären? Den ›Fürsten‹? Der Partei? Welche Signale sollen gehört werden, die vordergründigen oder die hintergründigen? Es läßt sich nicht leugnen, daß dieser Schlußgesang als Signal für die Feinde unserer Ordnung aufgefaßt werden kann. Jede Zeile ergibt dann einen aggressiven Sinn, der einer Aufforderung zu konterrevolutionärem Handeln gleichkommt.«

Ein ausgewogenes Gutachten also.

Der Gutachter schließt mit den Worten: »Es geht nicht darum, Kritik zu unterdrücken, aber es ist zutiefst erschütternd, daß ausgerechnet diese Kabarettisten zu Verrätern an unseren Werktätigen werden, die ihnen ihr Studium ermöglichten.«

Am 3. November ersucht Major Pommer die Bezirksstaatsanwaltschaft um Verlängerung der gesetzlichen Untersuchungsfrist bis zum 22. November, weil noch »umfangreiche Ermittlungen und Zeugenvernehmungen exmatrikulierter

Studenten in mehreren Bezirken der Republik durchzuführen« seien.

Schon Ende Oktober hat Rechtsanwalt Kirchberg für seinen Mandanten Benecke ungeduldig angefragt, ob die Ermittlungen inzwischen abgeschlossen seien, und wenn nicht, wann ungefähr damit gerechnet werden und Sprecherlaubnis gewährt werden könne. Für mich hat Helene Rechtsanwalt Schröder angeheuert. Ich sehe seinem Besuch mit gedämpften Erwartungen entgegen. Er ist der erste Anwalt, den ich in meinem Leben kennenlernen werde, und mir schwant, daß bei politischen Verfahren ein Rechtsanwalt gegen den Staatsanwalt immer den kürzeren ziehen wird. Elfriede und Monika laufen durch Leipzig, um für Manfred und Peter einen Rechtsanwalt aufzugabeln. Sie bleiben stehen vor dem Schild eines Anwalts mit dem vielversprechenden Namen Dr. Ulbricht. »Den nehmen wir!« entscheidet Monika. »Der ist genau der Richtige.«

Anfang Dezember, auf dem 14. Plenum des Zentralkomitees, erstattet Paul Fröhlich Bericht: »An der Karl-Marx-Universität Leipzig gab es ein Studentenkabarett ›Rat der Spötter‹. In Vorbereitung der Leipziger Herbstmesse, also kurz nach dem 13. August, entwickelte diese Gruppe ein Programm, das durchdrungen ist von Feindlichkeit gegen die DDR. Den Hauptstoß führte sie mit dem Mißbrauch der Mittel der Satire gegen die Partei und ihre Führung. Man muß sich die Frage stellen: Was geht in den Köpfen solcher Studenten vor?! Die Parteileitung nahm eine prinzipiell richtige Haltung ein, deckte die Dinge auf und verhinderte die Aufführung.«

Helene ruft bei der Staatsanwaltschaft an, um eine Sprecherlaubnis zu erwirken. Vergeblich. »Sobald die Voraussetzungen zur Gewährung einer Sprechgenehmigung gegeben sind, erhalten Sie von Ihrem Verlobten die entsprechende Mitteilung.« Straf- und Untersuchungsgefangene dürfen einmal im Monat zwanzig belanglose Zeilen schreiben und nur einmal monatlich Post empfangen, die in gut lesbarer Schrift gehalten sein muß. So steht es auf dem vorgedruckten Briefpapier der Haftanstalt. »Rückantwort ist auf 20 Zeilen DIN A 4 zu beschränken, sonst wird Annahme verweigert.«

Rolf Herschel schreibt nach Hause: »Meine Elke, ich bin glücklich, daß ich Dir heute endlich schreiben kann. Die Sonne scheint in alle Fenster herein, und ich habe viel Hoffnung, Dich und unseren Jens bald wiederzusehen.«

Schnaftes Freundin Gisela begegnet Franz R., der neuerdings in der Druckerei der *Leipziger Volkszeitung* arbeitet. Franz R. sieht dunkelschwarz für die Inhaftierten: »Das sieht böse aus, das kann Jahre dauern!« Ein paar Tage danach nimmt Unterleutnant Kirmse ein Tonbandprotokoll entgegen, in dem GI Siegmar berichtet, Gisela Seeger, Binnenhandelsstudentin und Freundin des Seidel, sei ausgesprochen prowestlich eingestellt und habe sich am Bahnhof Gesundbrunnen für Westgeld ständig Petticoats und Ballerina-Schuhe gekauft. Auch habe er Gerüchte aufgeschnappt, wonach der Seidel und der Röhl vermutlich bald rauskämen, weil sie von dem berühmten Professor Kaul aus Berlin verteidigt würden.

Siegmar trifft auf Schritt und Tritt Bekannte, Peter Lorenz etwa, der ein Jahr lang Techniker beim »Rat der Spötter« gewesen ist, später aber wegen schlechter Studienleistungen, speziell wegen einer Fünf in M-L, ausscheiden mußte. Er hat sich einen Rauschebart wachsen lassen und vertritt die Meinung, die Spötter einzusperren sei eine Schande. Auch er selbst habe wochenlang auf ein Zuführungskommando, das ihn abholt, gewartet, es wäre aber keiner gekommen. »Lorenz habe«, meldet Siegmar, »unter einem fürchterlichen Druck gestanden: entweder unter Lebensgefahr die Republik verlassen und in die ›Freiheit‹ gehen oder mit dem Druck weiterleben zu müssen. Er hatte die Absicht, mit einem Boot nach Schweden zu flüchten, das sei relativ wenig gefährlich, denn ein Boot würde auf Radarschirmen gar nicht erscheinen, und ihm seien die Wege von seinem Armeedienst her bekannt, aber leider sei das Wetter nicht günstig gewesen …«

Hartmut Hommel erwähnt Siegmar gegenüber, Sodanns

Freundin Monika müsse noch einen Hefter mit dem Durchschlag des kompletten Programms haben, »wenn sie den Hefter nicht inzwischen verbrannt hat!«. Der exmatrikulierte Hommel hat, weit vom Schuß, in einem Diabetes-Institut bei Greifswald eine Stelle angetreten und fühlt sich anscheinend so sicher, daß er über die Affäre schon wieder flachsen kann: »Das beste ist, wir gründen ein neues Kabarett und treten ›sodann‹ wieder auf unter dem Namen ›Die Roten Röligierten‹.«

Sparwitze bringen Oberleutnant Hoffmann nicht weiter. Ihm läuft die Zeit davon. Major Pommer muß wohl oder übel um eine Fristverlängerung bis zum 23. 12. bitten, »da noch weitere umfangreiche Ermittlungen und Zeugenvernehmungen in allen Teilen der Republik nötig geworden sind«.

Mir scheint, Oberleutnant Hoffmanns Verhöre verlieren an Schwung. Einst genoß er es, langsam, aber sicher seine Schubladen aufzuziehen und leichthin zu sagen: »Röhl, wir wissen alles!« Neuerdings beginnen seine Vernehmungen eher schleppend. Der Läufer liefert mich ab, ich darf auf dem Delinquentenschemel Platz nehmen, einmal rutscht Hoffmann sogar ein »Mojn ...« raus. Schweigend darf ich ihm ein Viertelstündchen beim Schreiben zusehen, dann endlich schiebt er den Block beiseite und schenkt mir einen seiner stählernen Blicke. Ich erwarte eine Beschuldigung, so ungeheuerlich, daß sie mich vom Schemel hauen wird, doch er klopft nur auf den Busch: »Röhl, was haben Sie mir zu sagen?«

Das führt regelmäßig zu nichts, und es geht wieder los im alten Stil: »Wie hetzten Sie gegen die sozialistische Umgestaltung der Landwirtschaft?« Ich gebe zu, daß der Nordwestdeutsche Rundfunk mit seinen Hetzsendungen meine »vorhandenen Zweifel an der umfassenden Vervollgenossenschaftlichung sowie am politischen Frühling auf dem Lande verstärkte«. Ich kann auch nicht leugnen, daß ich die Reden führender Repräsentanten, die den Wert von 10 Chrustsch (= 100 Ulb) oftmals übersteigen, für viel zu lang halte; meinetwegen könnten spezielle Funktionärszeitungen die wegweisenden Referate ungekürzt veröffentlichen, für den Abdruck in Tageszeitungen jedoch reiche der Extrakt. Den »Henker des Sozialismus«, nach dem Hoffmann mich befragt, kenne ich gar nicht, »weil ich im Juni nur selten im *Spötterkeller* war und diesen vermutlich immer gerade verlassen hatte, bevor möglicherweise vom ›Henker des Sozialismus‹ die Rede war«.

Peter Sodann kennt den Henker: Dieses Hirngespinst, sagt er aus, bedeute, daß der Staat zum Wohle des Volkes »mit aller Härte« gegen verantwortungslose Funktionäre vorgehen sollte, wenn nötig mit tödlichen Konsequenzen. Sodann: »Dabei war ich mir klar darüber, daß eine Verwirklichung dieser Phantastereien Anarchie bedeutet ...«

Zeugen sagen aus, Albani und Sodann hätten sich mit ihrer Beteiligung an Streikaktionen des 17. Juni 1953 gebrüstet. Sodann, wörtlich: »Ja, damals hatten wir noch Mut!« Benecke hätte die Beschlüsse von Partei und Regierung als falsch bezeichnet, Herschel eine »Fehlerdiskussion«, Seidel eine »Freiheitsdiskussion« ausgelöst, und alle zusammen hätten sich konspirativ immer wieder gegenseitig versichert: »Bald bumst es – aber nach oben!«

Die Vernehmungen drehen sich im Kreis.

Auf den Mond schießen möchte Oberleutnant Hoffmann die Arschlöcher von der Karl-Marx-Universität, die ihm die ganze Scheiße eingebrockt haben!

Am 1. Dezember 1961 beantragt die Leipziger Staatsanwaltschaft in Berlin eine dritte Fristverlängerung bis 6. Januar 1962. Weihnachten steht vor der Tür. Ernst Seidel, Betriebsleiter der Drahtbetriebe im VEB Walzwerk Hettstedt, bittet höflich darum, seinem Sohn Peter zum Fest ein Weihnachtspäckchen schicken zu dürfen. »Beim gegenwärtigen Stand des Verfahrens«, antwortet Staatsanwalt Holzmüller, »ist es nicht möglich, irgendwelche Zusendungen entgegenzunehmen. Die Ermittlungen stehen kurz vor dem Abschluß. Bis Ende des Jahres ist mit Eingang der Akte bei der Staatsanwaltschaft zu rechnen.«

Am 6. Januar 1962 genehmigt der Generalstaatsanwalt den

Leipziger Genossen die vierte Fristverlängerung bis 31. Januar 1962. Fristen werden immer verlängert: Wir haben Zeit!

In der Abteilung IX macht Major Pommer seinen Vernehmern Dampf. Hoffmanns Stern ist im Sinken.

Die Abteilung V beschließt, einen IM-Vorgang anzulegen, und zwar für einen Geheimen Informanten, der »während seiner Vernehmung im Zusammenhang mit der Liquidierung des ›Rates der Spötter‹ ›unter Druck‹ angeworben werden konnte mit dem Ziel der weiteren Aufklärung der negativen Studentengruppierung«. Der Kandidat erarbeitet einiges belastende Material gegen ehemalige Mitglieder des Kabaretts. Aufgrund seiner Hinweise konnten zwei weitere Personen inhaftiert werden. Unterleutnant Kirmse trifft ihn von Zeit zu Zeit in der konspirativen Wohnung »Nord«. Geheime Telefonnummer: 7261/242. Losungswort: »Viele Grüße von Siegmar«.

Die Telefonie in der »Wächterburg« beschränkt sich, soweit es die Knastologen betrifft, auf eine prähistorische Variante der Nachrichtenübermittlung. Wir klopfen. Mit voller Wucht sind die Zeiten der Einzelhaft angebrochen, und der Vernehmer ist zum einzigen Gesprächspartner geworden. Heimlich, so daß Debbe draußen auf dem Gang es weder hört noch sieht, pochen wir mit schmerzenden Fingerknöcheln gegen die Zellenwand oder ans Heizungsrohr: einmal = A, sechsundzwanzigmal = Z. Viel mehr als den Namen und den Wohnort zu morsen, gelingt uns selten. Haftgründe zu erörtern, dauerte viel zu lange; allein die Vokabel »unschuldig« enthält schon zwei U und ein S, zwei Buchstaben, die im Alphabet verdammt weit hinten rangieren.

Wenn sich wenigstens der Rechtsanwalt blicken lassen wollte! Er kommt nicht. Statt seiner kommt der Läufer und führt mich ins Besucherzimmer. Helene ist da!

Die Verwaltung der Haftanstalt hat ihr endlich einen Besuchserlaubnisschein geschickt. »Frl. H. Quinten erhält die Erlaubnis, den U-Gefangenen E. Röhl am 19. 1. 1962 in der Zeit zwischen 8.00 und 12.00 zu sprechen ...« Schon beginnt sie zu jubeln und liest erst dann zu Ende: »Die Sprechzeit beträgt 10 Minuten!«

Wir umarmen uns, aber nur sehr kurz. Unser Aufpasser, ein schnabelnasiger Leutnant, beendet die für ihn extrem unübersichtliche Situation. Weit voneinander entfernt werden wir an den Giebelseiten eines langen Tisches plaziert. Wie ein Tennisschiedsrichter thront der Leutnant an der Seitenlinie. Wie ein Tennisschiedsrichter wendet er den Blick immer dem zu, der gerade spricht. Nur Privates dürfen wir erörtern, allenfalls noch das Wetter. Der Leutnant, streng: »Kein Wort über das Verfahren!«

Ich könnte mich auf der Stelle noch einmal in Helene verlieben. Sie sieht gut aus. Es gehe ihr auch gut, beteuert sie und legt lächelnd die Hand auf ihren Bauch. Sie habe Glück gehabt, sagt sie, im Eisenacher HO-Kaufhaus habe sie den hübschen Pepitastoff gekriegt und sich zur Feier des Tages ein schickes Kostüm schneidern lassen. Im übrigen mache ihr die Arbeit in der Klinik Spaß, dort werde sie auch unser Kind zur Welt bringen.

»Mir«, lüge ich, »geht es soweit auch ganz gut.«

Besorgt starrt sie mich an, und ihre Miene verrät, daß sie sich schämt, mir an diesem düsteren Ort so aufgedonnert gegenüberzusitzen. Ich bin schmal geworden, bin unrasiert, die graue Schreckenskluft umspielt meine spitzen Knochen. Im Interesse von Mutter und Kind müßte schwangeren Frauen ein solcher Anblick erspart bleiben. Ich kann mir schon denken, was sie sich denkt. Ob ich ihr ausdrücklich sagen sollte, daß ich gar nicht gefoltert werde, jedenfalls nicht körperlich? Das wage ich nicht; denn ich kann mir auch denken, was der Leutnant denkt. Das Wort Folter gilt in sozialistischen Haftanstalten als Unwort; selbst wenn ich es verwendete, um die Unterstellung zurückzuweisen, so etwas könnte es geben oder je gegeben haben, müßte ich damit rechnen, daß der Leutnant das Rendezvous abrupt beendet, die Sprechzeit beträgt sowieso nur zehn Minuten. Helene bestellt mir Grüße von den Eltern, meinen und ihren, Grüße von Freunden, sie erzählt von unserem Kind; Barbara wird es heißen oder Kai, je nachdem. Der Leutnant erhebt sich und weist mit ausladender Gebärde zur Tür.

Ich zucke die Schultern: Schicksal! Tapfer lächelt sie, doch ihre Augen glänzen feucht. Ich umarme sie, der Leutnant blickt diskret zur Decke. Dann führt er sie hinaus. Mich eskortiert der Läufer in die Zelle zurück. Hier greife ich zum Taschentuch. Plötzlich hab ich den Schnupfen – kein Wunder, es ist Januar und saukalt in der Zelle. Egal, meine Hände duften nach Liebe und Freiheit, und ich beschließe, sie nie mehr zu waschen. In meinem Kopf läuft ein schöner Zehnminutenfilm ab, und er läuft wegen des großen Erfolgs ein ums andere Mal.

Die Filmmusik kommt von draußen. Weht der Wind von Osten, höre ich die Glocken der Petrikirche, bei Westwind die Glocken der Thomaskirche. Manchmal schlägt, leiser, die Uhr vom Turm des Neuen Rathauses.

Stumpfsinnig wandere ich durch die Zelle, drei Schritte vor, drei Schritt zurück. Wie gern würde ich arbeiten, egal was, liebend gern würde ich sogar Scheißhäuser auf Hochglanz polieren, mit der Zahnbürste, wenn's sein muß. Arbeit macht das Leben süß!

Sonnabends finden keine Vernehmungen statt. An jedem Sonnabend geben Debbes Kollegen mir einen Eimer Wasser herein, in dem ein Reinigungsmittel gelöst ist, ich erhalte eine grobe Bürste und einen Scheuerlappen. Wie Hennecke im Endstadium geh ich mit Bürste und Lappen auf den dunkelgrauen, rissigen Estrichfußboden los, auf dem mir immerfort verhaßte Gesichter erscheinen. Ich radiere sie aus, ich wische sie weg, all den Dreck und den Frust einer langen Woche.

Überraschung! Eines Nachmittags öffnet Debbe, mit den Schlüsseln besonders laut rasselnd, die Zellentür. Wer erscheint im Türrahmen? Der Läufer. Er überreicht mir ein Buch.

Ein Buch!

Seit Monaten habe ich Oberleutnant Hoffmann mit dem Wunsch nach Romanen in den Ohren gelegen. Er selbst scheint mir ein Freund der Literatur zu sein; denn in Nebensätzen hat er mehrfach durchblicken lassen, daß er einen guten Krimi zu schätzen wisse – »Der Richter und sein Henker«, »Malteserfalke« – diese Klasse. In schmerzhaften Halluzinationen sehe ich ihn fröhlich pfeifend die Stasi-Bibliothek betreten, wo er natürlich eingetragener Leser ist.

Mein erstes Buch aus der Stasi-Bibliothek ist ein sowjetischer Roman mit dem Titel »Die Morgenröte«. Der Autor heißt Nekrassow und ist einer jener von Stalin so genannten »Ingenieure der menschlichen Seele«. Das Buch umfaßt 220 Seiten, ich komme aber über Seite 30 beim besten Willen nicht hinaus. Sogar in der geistigen Einöde der Haftanstalt bin ich außerstande, dieses Werk zu lesen. Vermutlich ist es wie so viele andere nach den antistalinistischen Enthüllungen in Moskau aus den öffentlichen Bibliotheken der DDR entfernt und hier einsortiert worden. In der Geschichte der Weltliteratur läßt sich kein unlesbareres und verlogeneres Buch finden, darum dient es nun in der »Wächterburg« wahrscheinlich dem edlen Zweck der Strafverschärfung.

Mit gemischten Gefühlen sehe ich dem nächsten Buch entgegen und damit der nächsten Enttäuschung. Es ist eine angenehme Enttäuschung: »Die Insel der Pinguine« von Anatole France. Der Autor beschreibt die französische Justiz in der Zeit vor dem Ersten Weltkrieg und trifft zugleich das Wesen der Geständnisproduktion, wie DDR-Untersuchungsorgane sie praktizieren. In diesem Buch wird der Jude Pyrot beschuldigt, dunkle Geschäfte mit achtzigtausend Bündeln Heu und sonstigen Futtermitteln gemacht zu haben, die er angeblich der Kavallerie gestohlen haben soll. Das Geschäft hat tatsächlich stattgefunden, der Schieber allerdings war nicht Pyrot, sondern der Kriegsminister persönlich. Der Geheime Gerichtshof spricht Pyrot schuldig, und Generalstabschef Panther berichtet dem Kriegsminister Greatauk vom Ausgang des Prozesses. »Zum Glück«, sagt der Generalstabschef, »hatten die Richter eine feste Überzeugung; denn Beweise gab es nicht.«

»Beweise«, murmelt Greatauk, »was beweisen die? Es gibt

nur einen unwiderleglichen Beweis: das Geständnis des Angeklagten. Hat Pyrot gestanden?«

»Nein, Herr Kriegsminister.«

»Er wird gestehen, er muß einfach, man muß ihn dazu bringen; sagen Sie ihm, daß es in seinem Interesse liegt. Versprechen Sie ihm, daß er im Fall eines Geständnisses Vergünstigungen, Strafnachlaß, Begnadigung bekommt, daß man seine Schuld anerkennen wird. Man wird ihn auszeichnen ... Sagen Sie, Panther, hat er nicht eigentlich schon gestanden? Es gibt ja stillschweigende Geständnisse. Schweigen heißt gestehen!«

»Aber Herr Kriegsminister, er schweigt ja nicht. Er zetert laut, er sei unschuldig!«

»Dann ist alles klar. Das Geständnis eines Schuldigen ergibt sich manchmal aus der Heftigkeit seiner Proteste. Verzeifelt leugnen heißt gestehen – Pyrot hat gestanden!«

Diese Ansicht des Kriegsministers deckt sich mit dem Standpunkt meines Hauptsachbearbeiters Oberleutnant Hoffmann; auch er, so scheint mir, ist einer dieser Gesetzesbrecher im Auftrag des Staates. Ich lese das Buch in zwei Wochen drei-, viermal, aber wer soviel Zeit zum Lesen hat wie ich, für den ist ein einziges Buch mittleren Umfangs doch nicht so sehr viel mehr als gar keine Lektüre.

Wohl oder übel verkürze ich mir die Langeweile mit Liegestützen. Gegen Körperkultur hat Debbe nichts einzuwenden.

Treibe Sport, und lieg nicht brach,
mach es Walter Ulbricht nach!

Ich bin inzwischen sehr leicht geworden, meine Arme haben nicht mehr allzu viel Gewicht zu stemmen. Spielend bringe ich es schließlich auf fünfhundert Liegestütze täglich.

Um nicht nur die Physis zu beschäftigen, sondern auch die kleinen grauen Zellen, veranstalte ich Fußball-Weltmeisterschaften. Von meinem blaßblauen Melkerhemd habe ich drei Knöpfe abgedreht. Jeder dieser Knöpfe hat eine Vorder- und eine Rückseite. Mit zwei hohlen Händen schüttle ich sie und erziele in Sekundenschnelle ein Spielergebnis. Je nachdem, wie die Knöpfe fallen, zeigt mir die Vorderseite die Torausbeute der Mannschaft, die ich in Gedanken als erste genannt habe, während die Rückseite die Tore des Gegners angibt. So kommt es zwar bloß zu den Standardresultaten 3:0, 0:3, 2:1 oder 1:2, immerhin aber gewinnen nicht selten die Kleinen, denen mein Herz gehört – Andorra, Liechtenstein oder San Marino –, gegen die Großen, gegen Brasilien, England oder Deutschland.

Zunächst ermittle ich die Meister der fünf Kontinente, die dann zum weltweiten Championat antreten dürfen; mein Handicap besteht nur darin, daß ich in der Hitze des Gefechts mitunter vergesse, daß draußen Debbe lauert, der nichts Schöneres kennt, als mir den Spaß zu verderben, indem er die Spielknöpfe beschlagnahmt und als Zugabe die Zelle filzen läßt, um noch weitere unerlaubte Reichtümer zu entdecken.

Schnafte spielt Mensch-ärgere-dich-nicht, das Guckloch stets aufmerksam im Blick. Die Figuren und den Würfel hat er aus frischem Brot geknetet. Die Klinkerumrandung des Türrahmens ist sein Spielfeld; mit Spucke angefeuchtet, bleiben die Spielsteine gerade lange genug an den roten Klinkern haften. Keine Chance für Debbe, Schnaftes illegales Glücksspiel zu entdecken.

Gomorrha protestiert gegen seine Einsamkeit mit dem Erfolg, daß der Anstaltsleiter ihm einen Gefährten zuweist. Diesen haben, wie er behauptet, Stasihäscher aus Frankfurt am Main entführt. Und weil die Stasi ihn entführt hat, brüllt er tagelang bis zur Erschöpfung mit maximaler Lautstärke: »Hilfe, Hilfe, Hilfe ...« Sodann hält sich zunächst die Ohren zu, dann brüllt er noch lauter zurück: »Wenn du nicht endlich die Schnauze hältst, hau ich dir in die Fresse!«

Der Brüller brüllt: »Und dich bring ich um in der Nacht, darauf kannste Gift nehmen!« Und schon geht's wieder los: »Hilfe, Hilfe, Hilfe!« Er ist einen Kopf größer als Sodann, der es auf den nächtlichen Mordversuch nicht ankommen läßt, sondern den Anstaltsleiter dazu bewegen kann, den Schreihals aus der Zelle abzuziehen.

Gomorrha bastelt sich in wochenlanger konspirativer Handarbeit ein Schachspiel. Die Bauern stellt er aus Brot her, die Offiziere aus Klopapier. Wie schön, daß ihm seine Monika ihre Briefe in blau gefütterten Umschlägen sendet! Schließlich besitzt er ein komplettes Spiel mit teils klopapierfarbenen, teils blauen Figuren und gewinnt so manche Partie gegen sich selbst. Eines Tages kehrt er von der Vernehmung zurück. Die Zelle ist durchwühlt, das Schachspiel verschwunden! Die Wachmannschaft hat in seiner Abwesenheit die Zelle gefilzt. Ein schlimmer, ein tragischer Verlust; denn in der Einzelhaft werden Schachfiguren zu Zellengefährten, vor allem die Dame mit dem blauen Kleid.

Bei Alba hat Debbe mit Filzungen weniger Erfolg. Alba hat ein Faible für die Mathematik und beschäftigt sein Hirn ausschweifend mit Kopfrechnen – ein Vergnügen, das Debbe ihm beim besten Willen nicht ansehen kann. Die Gedanken sind frei. Eines Tages erhält die schwangere Elfriede eine Besuchserlaubnis und darf ihm Goethes »Faust« schenken. Alba hat Lust und Zeit genug, seinen »Faust« auswendig zu lernen. Sobald Debbes Auge im Spion auftaucht, deklamiert er zweideutige Stellen: »Was grinst du, hohler Schädel, her!«

HaEm muß an jedem Abend seine Brille abliefern. Wie oft haben nicht schon depressive Gefangene ihrem Leben mit den scharfen Scherben von Brillengläsern ein Ende gesetzt! Die Nacht über bewahrt Debbe die Brille in einem Beutel auf, der draußen an der Zellentür hängt. Der musikalische HaEm bekämpft den Stumpfsinn, indem er auf der Maserung der Holzpritsche mit den Fingernägeln Gitarre spielt.

Und die von Rissen durchzogene Ölfarbe der Zellenwand liefert ihm ein Vexierbild nach dem anderen – Porträts von Bekannten, von Freundinnen und Freunden, mit denen er lange Gespräche führt und denen er sein Leid klagt, die er um Rat fragt, die ihm Mut zusprechen. Sogar sein berühmter Leipziger Landsmann Walter Ulbricht erscheint ihm, der Große Wu, der Diktator, der Tyrann, der aber sehr, sehr nett sein kann. HaEm packt die Gelegenheit beim Schopf und fragt nach, ob es ihn tatsächlich kränke, daß die Spötter seinen Dialekt so gerne nachahmen. Die Antwort aus berufenem Mund: »Mich nich, ja, aber den Genossen Baul Fröhlisch!«

Weder Hoffmann noch die Anstaltsleitung ahnen, daß ich ein Privileg genieße. Debbes Röntgenblick ist entgangen, daß ich doch nicht so allein bin, wie Debbe annimmt. Tagelang teile ich meine Einzelzelle mit einer Stubenfliege. Plötzlich und unerwartet sitzt sie eines Tages auf der Pritsche und sieht mich mit ihren riesengroßen Facettenaugen an, der dunkle Körper pelzig behaart, die Flügel glasig. »Herzlich willkommen«, sag ich. Sie reibt zum Gruß die Vorderpfoten gegeneinander, dann steigt sie auf und dreht eine Runde.

»Du hast es gut«, sag ich, »kannst fliegen, wohin du willst. Wenn du einigermaßen in Form bist, schaffste's vielleicht sogar bis in die Gegend von Eisenach und kannst mal bei Mutter und Kind nach dem Rechten sehn! Du kannst sogar über Mauer und Stacheldraht einen Abstecher nach dem Westen machen …« Eine Stubenfliege. Ein lebendes Wesen. Was hätte Wolfgang Borchert, Sträfling in Zelle 432, dafür gegeben! Er entdeckt beim Freigang auf dem grauen Gefängnishof eine sich schüchtern öffnende Löwenzahnblüte, die Hundeblume, und es glückt ihm, sie zu pflücken, ohne daß die Wachtposten es merken. Heimlich nimmt er sie mit in die Zelle, stellt sie in seinen Wassernapf, und die ganze Nacht umspannen seine glücklichen Hände das vertraute Blech des Bechers …

8
Zehn Jahre Z

Am 15. Februar wendet sich Bezirksstaatsanwalt Kampfrad erneut an die Oberste Staatsanwaltschaft in Berlin: »Unter Bezugnahme auf die mehrfachen Fristverlängerungsanträge in diesem Verfahren bitte ich um weitere Verlängerung der Bearbeitungsfrist bis zum 30. März 1962. Die Anklage liegt im Entwurf zwar vor, bevor aber die Sache endgültig zu Gericht gegeben werden kann, sind noch Rücksprachen erforderlich.«

Die Anklage atmet den revolutionären Geist der Justizministerin, die gegen Feinde des Friedens das Recht, wie sie gern sagt, als Waffe gebraucht. Nichts fürchten Staatsanwälte mehr als ihre verwunderte Frage: »Warum so milde, Genossen?«

Sodann und fünf andere werden angeklagt, »fortgesetzt handelnd durch staatsgefährdende Hetze und Propaganda die politisch-ökonomischen Grundlagen der Arbeiter-und-Bauern-Macht angegriffen und personelle Veränderungen in Partei und Regierung« gefordert zu haben. Funktionäre hätten wir als unfähig und den Staatsratsvorsitzenden als Diktator bezeichnet. Auch hätten wir unsere üble Hetze mit der Schlußfolgerung verbunden, daß es zu Veränderungen im gesellschaftlichen System kommen müsse – stellnse sich bloß mal vor, Genossin Benjamin!

Nun aber ist Schluß mit lustig.

Bücher in der Zelle? Das war einmal! Im Laufschritt sammelt der Läufer die Schwarten wieder ein.

Leseratte Sodann erhält als Ersatz seine dicke Anklageschrift; schwarz auf weiß beantragt die Staatsanwaltschaft darin für ihn zehn Jahre. Sodann hat vor seinem Schauspielstudium zwei Jahre Jura studiert und weiß, daß das Gericht in politischen Prozessen vom Strafantrag des Staatsanwalts nur sehr ungern abweicht, weil dieser Antrag ja mit den Genossen der Bezirksleitung abgestimmt ist, wenn nicht sogar mit Berlin.

Seit dem 1. März 1962 geht es im Vernehmungstrakt der »Wächterburg« noch einmal forsch zur Sachen Die Abteilung IX rüstet zum Endspurt. Major Pommer hat dem glücklosen Oberleutnant Hoffmann den Fall »Rat der Spötter« entzogen und ihn mit neuen Aufgaben betraut. Leutnant Alwin Brade avanciert zum Hauptsachbearbeiter. Am 1. März 1962 verfügt der Bezirksstaatsanwalt einen langen Wunschzettel, den Brade mit seinen Männern expreß abarbeiten muß.

Auf geht's! Weil's so schön war, alles noch mal von vorn! Welche Verbindungen wurden in Marburg von wem zu wem geknüpft? Welche Kontakte gab es zum Westberliner Hetzkabarett »Die Insulaner«? War Sodanns progressives Auftreten zum Kampfaufruf der FDJ, seine übertriebene Begeisterung für die kubanische Revolution, ein Tarnmanöver? Weitere (mindestens zwei!) Aussagen »staatsbewußter« Zeugen! Zur moralischen Verkommenheit des »Rates der Spötter« liegen bisher zu wenige Anhaltspunkte vor, diese reichen zur Demaskierung der Beschuldigten in der Hauptverhandlung noch nicht aus. Weitere Zeugenaussagen!

Unterleutnant Claus Wällnitz beginnt unter der Führung von Leutnant Brade mit neuen Vernehmungen zu alten Themen. Wieder wird er fündig: Der Sodann hat in Marburg nicht nur Seidenstrümpfe für seine Freundin Monika gekauft, sondern auch für sich selbst existentialistische Bücher wie »Murphy« von Beckett und »Die Pest« von Camus. Benecke hat in einer Marburger Studentenwohnung übernachtet, deren Inhaber dem Untersuchungsorgan nunmehr namentlich bekannt ist! Diese Person heißt Ingo Tellmann, was immer damit gesagt sein mag.

Alle hörten jahrelang NATO-Sender: Herschel UKW Nord, Seidel die Schlager der Woche im RIAS, Albani den sogenannten Sender Freies Berlin; Röhl hörte Weihnachten 1960 gemeinsam mit seinen Eltern ein plattdeutsches Hörspiel des

Nordwestdeutschen Rundfunks, und Sodann ließ sich über die Hetzsendungen Bericht erstatten.

Der Beschuldigte Herschel besuchte eine Veranstaltung des Westberliner Hetzkabaretts »Die Insulaner«, wo er sich vermutlich Anregungen holen wollte. Der Albani besuchte noch Anfang August 1961 in Westberlin gemeinschaftlich handelnd mit der Ewald erstens das Kino, um sich den Hetzfilm »Das schwarze Schaf« mit Heinz Rühmann anzusehen, und zweitens eine Kabarettveranstaltung für Ostbewohner, bei der nicht nur das Hetzkabarett »Insulaner« auftrat, sondern darüber hinaus auch noch das Hetzkabarett »Stachelschweine«.

Wällnitz: »Wie äußerten Sie sich nach dem Besuch dieser Hetzveranstaltungen gegenüber den Spöttern?«

Albani: »Ich habe den anderen nichts davon erzählt, weil mir die Verwerflichkeit meiner Handlungsweise bewußt war ...«

Wällnitz: »Ihre Aussage entspricht nicht der Wahrheit. Sagen Sie der Wahrheit entsprechend aus!«

Auch Hauptsachbearbeiter Brade knöpft sich den Albani vor. Ein Zeuge hat ausgesagt, der Albani habe sich in der Gaststätte *Rennbahn* als Feind der sowjetischen Friedenspolitik entpuppt und Nikita Chrustschow als Kriegstreiber verleumdet. Mit größter Lautstärke, so daß jeder im Lokal jedes Wort genau verstehen konnte, habe der Albani gerufen: »So wahr Chrustschow für den Krieg ist, trinke ich in meinem ganzen Leben kein einziges Bier mehr – Herr Ober, ein Bier, bitte!«

Leutnant Brade: »Was wollten Sie hiermit ausdrücken?«

Albani: »Damit wollte ich sagen, daß Chrustschow für den Frieden ist – die einzig denkbare Logik des Satzes.«

Leutnant Brade: »Aus dieser Äußerung ist eine Verächtlichmachung des Vorsitzenden des Ministerrates der UdSSR erkennbar! Weshalb verunglimpften Sie diesen Staatsfunktionär am Biertisch?«

Manfred Albani widersteht der Versuchung, sich über menschliche Gebrechen lustig zu machen. Statt dessen führt er Brade in die Urgründe der Logik ein und erläutert das scheinbar absurde Biergleichnis mit einem Parallelbeispiel aus der Mengenlehre: »Befinden sich zwei Personen in einem Raum, und fünf Personen verlassen diesen Raum, dann müssen unbedingt drei Personen wieder rein, damit der Raum endgültig leer ist.« Erschrocken beendet Leutnant Brade die Vernehmung, um über diese anspruchsvolle Aufgabe aus dem Reich der höheren Mathematik ein Stündchen kreativ nachzusinnen.

Leutnant Wällnitz läßt nicht locker und ermittelt bis in die Grauzone der Wirtschaftskriminalität. Die HO Industriewaren Leipzig-Stadt sieht sich durch den »Rat der Spötter« geprellt: »Obengenanntes Kabarett schuldet uns aus einem Rechnungskauf noch DM 17,60. Wir bitten das Gericht, uns bei der Eintreibung dieser Forderung behilflich zu sein …«

Ein weiteres Mal vernimmt Wällnitz den Zeugen Oskar S., der tatsächlich noch ein paar vergiftete Pflaumen im Eierbecher hat. Seidel, erklärt er, habe ihn, Oskar S., als Roten bezeichnet, als Linksradikalinski und Vopo des Studienjahrs. »Er lachte in gemeinster Weise über von mir unbeabsichtigt gebrauchte Formulierungen und Sprachfehler und bezeichnete mich im Beisein anderer Studenten als verkalkt, verblödet, als Dummkopf und Spitzel! Ja, er ging sogar noch weiter und nannte unsere Sicherorgane – wortwörtlich! – ein Spitzelsystem.«

Wällnitz scheut nicht die Fahrt nach Rostock, um sich fern der Heimat von einem Zeugen einen sogenannten politischen Witz in den Schreibblock diktieren zu lassen: »Walter Ulbricht fährt mit seiner Tochter nach Moskau und besucht N. S. Chrustschow. Bei einem alleinigen Beisammensein der Tochter mit N. S. Chrustschow äußerte sie diesem gegenüber den Wunsch, ihn einmal nackig zu sehen. Auf die erstaunte Frage N. S. Chrustschows ›Warum denn das?‹ gibt die Tochter Walter Ulbrichts zur Antwort: ›Ich möchte doch zu gern mal sehen, nach welcher Pfeife mein Vati tanzt!‹«

Am 5. April wird in einer Meißner Klinik der kleine Marco Albani geboren. Die glückliche Mutter läßt sofort ein Telegramm nach Leipzig absenden, das die Anstaltsleitung in ihrer

Güte dem glücklichen Vater schon eine knappe Woche später aushändigt. Armes Kind, denkt Elfriede, der Vater im Knast, die Mutter achtkantig von der Uni geflogen! Groß ist ihr Bedarf an Trost und Zuspruch. Kaum ist sie wieder reisefähig, hat sie ein Gespräch mit dem Rechtsanwalt. Dr. Ulbricht redet ihr falsche Hoffnungen aus und bereitet sie schonend auf eine längere Haftstrafe des Kindsvaters vor. »Aber«, sagt er, »wenn Ihr Junge in die fünfte Klasse kommt, ist sein Vater ganz bestimmt wieder zu Hause.«

Am 5. April schreibt Schnaftes Vater an den Staatsanwalt: »Nach nunmehr siebenmonatiger Untersuchungshaft meines Sohnes Peter gestatte ich mir im Hinblick auf das kommende Osterfest die erneute Anfrage, ob jetzt die Zusendung eines Päckchens möglich ist.« Der für menschliche Erleichterungen zuständige Staatsanwalt Holzmüller: »In Beantwortung Ihres Schreibens muß ich Ihnen mitteilen, daß Ihrem Ersuchen nicht entsprochen werden kann.«

Am 8. April wird in Eisenach der kleine Kai-Uwe Röhl geboren. »Schön ist er ja nicht«, schreibt die Mutter dem Vater, »aber er sieht Dir sehr ähnlich.« Die Kinderfreunde der Abteilung IX lassen auch in meinem Fall das Glückwunschtelegramm gut ablagern und überreichen es mir erst zehn Tage nach der Geburt. Warum so spät? Wahrscheinlich aus Gründen der Wachsamkeit. Dieser Sprößling eines Konterrevolutionärs ist bezeichnenderweise mit dem Steiß voran zur Welt gekommen, hat das Licht der Welt sozusagen mit dem Arsch erblickt, diese Handlungsweise erfüllt den Tatbestand der nonverbalen Hetze – Vergehen gemäß § 19 Abs. 1 Ziff. 2 Strafrechtsergänzungsgesetz, der Versuch ist strafbar.

Rolf Herschel schreibt nach Hause: »Meine liebe Elke, vor einigen Tagen hatte ich einen Traum: Ich stand auf einem großen Feld allein, und die Sonne ging auf. Ich schaute lange hinein, da wurde es dunkel um mich, denn ich war erblindet. Als ich aufwachte, war ich froh und traurig zugleich, daß es nur ein Traum war. Unerbittlich läuft jetzt die Zeit dem Termin entgegen, und es ist gut so ...«

Die Zeit. Sie ist der Freund unserer Feinde, die von Anbeginn mit falschen Karten spielen. Gewinner und Verlierer stehen von Anfang an fest. Mit beleidigter Miene stellt der Vernehmer seine abstrusen, gehässigen, schamlosen, dummen Fragen. Wir sind von vornherein schuldig und können unsere Lage angeblich nur dadurch verbessern, daß wir gestehen, wo gar nichts zu gestehen ist. Manchmal empören wir uns, doch nur Verrückte sind imstande, sich Tag für Tag zu empören. Jeder von uns kennt Momente, an denen er kleinmütig sich selbst bezichtigt, damit endlich Ruhe sei.

Major Pommer, der erfahrene Chef der Abteilung IX, setzt seine Geheimwaffe ein – die Gegenüberstellung. In getrennten Veranstaltungen werden der Herschel, der Benecke und der Röhl dem Sodann, diesem »verstockten Provokateur« mit der »starken feindlichen Einstellung«, unter Verhörbedingungen gegenübergestellt.

Seit Monaten fiebere ich einem Wiedersehen entgegen, aber natürlich nicht einem Treffen, in dem zwei Stasivernehmer uns gegeneinander ausspielen. Melancholisch grinsen wir uns gegenseitig an. Weit ist es mit uns gekommen! So jämmerlich wie Peter mir in seinem grauen, fadenscheinigen Kittel vorkommt, so jämmerlich erscheine ich ihm. Merkwürdig, ausgerechnet in diesem Augenblick gehen mir dämliche Gedanken über Sinn und Unsinn der Haute Couture durch den Kopf: Wie doch teure, elegante Klamotten, ein Smoking etwa, den Menschen adeln und erhöhen kann, wie ein Sträflingskittel ihn zum Gespött macht …

Seit meinem ersten Tag hinter Gittern verteidige ich mich mit der ständig wiederholten Behauptung, ich hätte das Programm nie gesehen, weil es ja gar nicht öffentlich aufgeführt worden sei. Am Tag der Generalprobe wäre ich nicht einmal in Leipzig gewesen! Zwar hätte ich einige wenige Texte geschrieben, das komplette Textbuch aber sei mir unbekannt, was der anwesende Peter Sodann jederzeit bezeugen könne. Doch es geht um etwas anderes: »Sagen Sie aus über den Charakter des Programms ›Wo der Hund begraben liegt‹!«

»Der Charakter des Programms, das ich vollständig erst während der Untersuchungshaft kennenlernte«, sag ich feige, »ist so, daß es Züge der Konterrevolution zeigt ...«

Wie versteinert sitzt Sodann mir gegenüber. »Ich halte das Programm nicht für konterrevolutionär«, sagt er. »Es ist Satire, ein Kabarettprogramm eben.«

Sodann bleibt standhaft. Wie gern hätte die Abteilung IX ihn dem Staatsanwalt auf silbernem Tablett als Umfaller präsentiert, aber leider ... Schlimmer noch, Wochen später stellt sich eine Langzeitwirkung heraus, mit der keiner gerechnet hat. Heinz-Martin Benecke nimmt sein Herz in beide Hände und läßt sich bei der Staatsanwaltschaft anmelden. Er wird vorgeführt. Zwei mißmutige Staatsanwälte vernehmen ihn. Zur Wahrheit ermahnt, erklärt er: »Das Programm ›Wo der Hund begraben liegt‹ ist nach meiner Ansicht *nicht* konterrevolutionär. Die Teile der Protokolle, aus denen hervorgeht, daß ich vorsätzlich gehandelt hätte, widerrufe ich.«

Eine solche Rolle rückwärts schätzt kein Staatsanwalt. Holzmüller geht ein altes Sprichwort aus Tibet durch den Kopf: »Hast du schon gelernt, dich über Hindernisse zu freuen?«

Der Läufer holt mich zu einem Gespräch mit meinem Anwalt. Endlich. Rechtsanwalt Schröder bietet mir eine Zigarette an. Ich rauche nicht. »Schade!« Er hat die Anklageschrift zwar noch nicht lesen dürfen, aber »natürlich ist schon mancherlei durchgesickert«. Das Leben, sagt er, sei eines der schwersten. Flüsternd verrät er mir seine Maxime, mit der er immer gut gefahren sei: »Man kann ja alles sagen, was man denkt, man muß bloß das Richtige denken.« Auch er, sagt er, sei ein Freund des Humors und kabarettistischer Pointen, vor allem schätze er Fred Endrikat, der mir gewiß bekannt sei, Fred Endrikat, einfach superb, zwei Zeilen sind noch kein Gedicht, zwei Backen sind noch kein Gesicht, zum Totlachen ... Ich kenne Fred Endrikat nicht. »Schade!« Rechtsanwalt Schröder weiß nicht recht, was er unter diesen Umständen mit mir noch groß besprechen könnte. Ich trage ihm Grüße auf, für meine Eltern, für mein Fräulein Braut und meinen Erstgeborenen.

»Kopf hoch«, rät er zum Abschied. »Wissen Sie was, wenn im Prozeß die Wahrheit siegen sollte, gehen Sie einfach in Berufung!«

Ende März übergibt Major Pommer der Staatsanwaltschaft die Ergebnisse der nachträglich durchgeführten Untersuchungen. Am 7. Mai eröffnet der Senat 1a des Bezirksgerichts mit Oberrichter Grass an der Spitze auf Antrag des Bezirksstaatsanwalts das Hauptverfahren gegen Sodann, Benecke, Seidel, Albani, Herschel und Röhl, die hinreichend verdächtig erscheinen, die führende Rolle der Partei und die politisch-ökonomischen Grundlagen der Arbeiter-und-Bauern-Macht angegriffen zu haben. Die Hauptverhandlung wird zum 24. Mai 1962 anberaumt, Beginn 8 Uhr.

Nun dürfen die Anwälte die Anklage einsehen. Rechtsanwalt Kirchberg protestiert sofort schriftlich bei Oberrichter Grass gegen die mißgünstige Beurteilung, die die Fakultät für Journalistik seinem Mandanten Benecke ausgestellt hat. »Aufgrund der Inhaftierung«, schreibt Kirchberg, »sind die Beurteiler offenbar bemüht gewesen, einzig und allein negative Feststellungen über den Angeklagten zu treffen.«

Die Jakobiner der Fakultät, obwohl unzuständig, scheinen begierig zu sein, bei der Liquidierung der Konterrevolutionäre mitzuwirken. »Als sein Bruder die DDR verriet«, schreiben sie, »täuschte Benecke eine parteiliche Haltung vor, indem er sich energisch von diesem Schritt seines Bruders distanzierte.«

Oberrichter Grass an den Genossen Dekan: »Nach den in der Strafakte befindlichen Angaben hat der Bruder des Benecke die DDR schon im Jahre 1952 illegal verlassen. Damals war Benecke vierzehn Jahre alt. In der Beurteilung fehlt jegliche Begründung, wie die unterstellte Täuschung erfolgte und worin sie ihren Ausdruck fand.« Grass steigert sich geradezu in einen Gerechtigkeitsrausch hinein: »Eine echte Beurteilung muß den Menschen allseitig schildern, seine gute und seine schlechte Arbeit …«

Den anderen inhaftierten Journalistikstudenten, auch mir, hat die Fakultät gleichfalls Beurteilungen hinterhergeschleudert, mit denen der dümmste Staatsanwalt problemlos auf lebenslänglich plädieren könnte; entlastende Momente bleiben vorsätzlich unerwähnt. In Schnaftes Charakteristik etwa findet sich kein Sterbenswörtchen von der schriftlichen Belobigung, die der Dekan erst vor Jahresfrist ausgesprochen hat: »Wir beglückwünschen den Studenten Peter Seidel, der beim Eisenbahnunglück auf dem Leipziger Hauptbahnhof zu Schaden gekommen und gegenwärtig noch bettlägerig ist, zu der Hilfsbereitschaft, mit der er sich trotz eigener Beschädigung stundenlang an den Rettungsarbeiten beteiligte. Mit diesem Verhalten hat Peter Seidel das Ansehen unserer Fakultät erhöht …«

Wie Beneckes Anwalt rügt auch Oberrichter Grass, die Beurteilungen seien nicht objektiv, sondern unter dem Eindruck der Inhaftierungen verfaßt worden: »Wir bitten, dem Bezirksgericht bis zum 22. 5. 1962 neue Beurteilungen zuzusenden!«

Eines Tages reicht uns der Läufer die Anklageschrift in die Zelle. Angaben darüber, wie viele Jahre der Staatsanwalt für jeden von uns vorgesehen hat, stehen nicht darin. Ich rechne ein bißchen. Krieg ich fünf Jahre, bin ich 1966 wieder draußen, vorausgesetzt, die U-Haft wird angerechnet; krieg ich nur vier Jahre, dann geht's schon 1965 nach Haus, bei guter Führung vielleicht noch früher, und die Zeit vergeht ja wie im Flug – morgen ist das Heute schon gestern. Und im Vollzug sieht ja dann alles ganz, ganz anders aus. Da wird gearbeitet nach Herzenslust, und wer zwei Drittel abgesessen hat, darf ein Gesuch auf vorzeitige Entlassung schreiben.

Bloß gut, daß sich die Vernehmungen über so viele Monate hingezogen haben! Die Anklage wimmelt von Schreckensbegriffen, die zum Mindestwortschatz jedes Untersuchungsführers gehören – staatsgefährdende Hetze, negative Propaganda, konterrevolutionäre Angriffe, moralische Verkommenheit, feindlicher Gesamtcharakter. Durch inflationären Gebrauch haben sich diese Verbalmonstren mit der Zeit abgenutzt und ihren Schrecken fast verloren, sie klingen inzwischen so harmlos wie heiter bis wolkig oder Kaffee und Kuchen.

In der Nacht auf den 24. Mai bin ich schon lange wach, bevor die Glocke zum Wecken schrillt.

Nur noch wenige Stunden, und ich werde meine Freunde wiedersehen. Mit den Worten »Binsel, Seife, Abbarad« reicht Debbe mir Rasierzeug in die Zelle. Normalerweise sind die Klingen so stumpf, daß ein solcher Rasierapparat auch in Kinderhand keinen Schaden anrichten könnte. Heute gibt es zur Feier des Tages neue, völlig unbenutzte Klingen – ERFA, wie stolz das klingt! Ich erhalte ein gebügeltes Oberhemd, einen Schlips, ein Sakko und eine Hose mit Bügelfalten, alles von Helene am vergangenen Sprechtag in der Effektenkammer für mich abgegeben. Die Jacke ist eine Nummer, die Hose zwei Nummern zu groß, und dabei war sie vor Jahresfrist noch mein engster Freund. Ich bin stark abgemagert. Ich fühle mich fremd und unbehaglich in den Sachen. Andererseits sollen wir nicht in Melkerhemd und grauem Kittel vor die Schranken des Gerichts treten. Das gäbe zwar ein malerisches, filmreifes Bild, die Hauptverhandlung aber wird öffentlich sein, und die Zuschauer bekämen einen völlig falschen Eindruck vom modischen Chic in sozialistischen Haftanstalten.

Dann heißt es warten.

Ich hocke auf meiner Pritsche, und die Zeit will nicht vergehen. Draußen rührt sich nichts. Bloß Debbe guckt in seiner Funktion als Auge Gottes hin und wieder durch seinen Spion. Eine Uhr hab ich nicht, inzwischen aber so viel Zeitgefühl, daß ich weiß: Es muß kurz vor acht sein, wenn nicht schon kurz danach.

Warum kommt keiner?

Wo bleibt der Läufer? Hat er mich vergessen? Die Richter werden doch wohl, auch wenn sie Volksrichter sind, bis sechs zählen können, die werden doch wohl merken, daß auf der Anklagebank einer fehlt! Vor Ungeduld hämmere ich gegen die Tür.

Debbe öffnet. Ich frage, ob mein Termin vielleicht auf neun

Uhr verschoben worden sei. »Geene Ahnung«, murrt er, und rummsbumms schließt er wieder ab. Stunden später verlangt der Läufer ohne weitere erläuternde Bemerkungen die Anklageschrift von mir zurück. Dann muß ich mich umziehen – raus aus den piekfeinen Klamotten, wieder rein in den Knastologenlook. Das Wiedersehen fällt aus.

Warum?

Nach stundenlangem Klopfen erreicht mich durch mehrere Mauern hindurch eine Botschaft, die aus den beiden Wörtern »verschoben« und »gut« besteht. Leichtsinnig schließe ich daraus, daß unsere Aktien steigen.

»Ihre Ahnung trügt Sie nicht«, bestätigt Rechtsanwalt Schröder, den ich ein paar Tage später sprechen darf. Diesmal ist von Fred Endrikat nicht die Rede, Schröder kommt gleich zur Sache. Der vorsitzende Richter Grass, erklärt er, mußte überraschend nach Berlin! Zu einer Sitzung des Staatsrates! Ein »Rechtspflege-Erlaß« ist bekanntgegeben worden, einer, »der es in sich hat«! Dieser Erlaß, mutmaßt Schröder, könnte für unseren Fall von allergrößter Bedeutung sein! Neuer Termin der Hauptverhandlung: Montag, 4. Juni. Wenn wir die Ohren anlegen und nicht den wild gewordenen Dimitroff spielen, dann, aber nur dann, könnten wir möglicherweise auf Bewährung verurteilt werden.

Moment, Moment, Moment! Was hat er da eben gerade gesagt? Das kann doch nicht sein! Ich kenne Rechtsanwalt Schröder nicht näher, wahrscheinlich neigt er zu Übertreibungen …

Ungläubig starre ich ihn an.

»Nu kuckense nicht so«, sagt er und legt seine Hand auf meine Hand. »Ich halte jede Wette, daß Sie bedingt verurteilt werden. Nächste Woche gehen Sie nach Haus zu Frau und Kind. Aber …«, er droht mir schelmisch mit dem Finger: »… wir beide dürfen uns natürlich nicht blöd anstellen.«

9
Im Namen des Volkes

Die Leipziger Rechtspflegeorgane bilden räumlich ein Kombinat der kurzen Wege. Bezirksgericht, Staatsanwaltschaft, Volkspolizei, zwei U-Haftanstalten – alles ein Karree. Der Logiergast der Staatssicherheit muß, um vor seinen Richter zu treten, das Karree der Gerechtigkeit gar nicht erst verlassen, die Fluchtgefahr ist also gleich null, und trotzdem: Vorsicht ist die Mutter der Wachsamkeit!

Bevor wir uns, einzeln mit je einem uniformierten Begleiter, auf den Weg machen, legt ein Posten uns Handschellen an, die »Achte«. Das scheint uns des Guten fast ein bißchen zuviel zu sein, aber wie alle Hetzer unterschätzen wir die eigene Gemeingefährlichkeit. Zwar hab ich ein paar Kilo Gewicht verloren, doch mit stählernen Handfesseln darf ich mich als schwerer Junge fühlen.

Um drei Ecken herum führt mich ein Feldwebel hinaus in den Gefängnishof, wo ein Hauptmann das Kommando hat, der anscheinend nicht weniger aufgeregt ist als wir. Hier, hinter Mauern zwar, aber immerhin unter blauem Himmel, sehen wir uns wieder.

Zum Gruß reißen wir die Arme hoch, beide zugleich, daß die Handschellen nur so klirren. So sieht man sich wieder – in Ketten! Noch kein Jahr ist vergangen, aber die Isolation hat schon jeden von uns auf ihre Art modelliert; unerwartet mager ist der eine geworden, der andere hat sich Kummerspeck angemästet.

»Hullo«, sagt Rolf, und das Spötterkollektiv erinnert sich grinsend daran, daß er auch in der guten, alten Zeit nie Hallo gesagt hat oder Hällo, sondern immer bloß Hullo.

Und schon passiert der erste Zwischenfall!

Dem abgemagerten Albani ist es geglückt, seine linke Hand

aus der Fessel zu befreien, mit dem anderen Arm versetzt er hoch überm Kopf seine Achte in kreisende Bewegung. Verhaltener Jubel der Angeklagten.

»Alba«, sagt Rolf, »du mußt 'ne Achte für Kinder verlangen!«

»Ruhe!« brüllt der Hauptmann.

Sodann versucht ihn zu beruhigen: »Herr Hauptmann, das ist die Wiedersehensfreude, wir haben uns doch jahrelang nicht gesehn!«

»Ruhe!« brüllt der aufgeregte Hauptmann.

Durch den Dienstboteneingang, von hinten durch die kalte Küche sozusagen, geht es im Gänsemarsch hinein in einen Vorraum. Hier nehmen Posten uns die Handschellen wieder ab, muß ja nicht jeder sehn.

Der Gerichtssaal ist winzig und hält keinen Vergleich mit dem Verhandlungssaal des Dimitroff-Museums, des einstigen Reichsgerichts gleich über die Straße, aus. Auf der Anklagebank ist es eng, zwischen jeweils zwei Angeklagte zwängt sich ein Unteroffizier, der gut im Futter steht.

Für die Schlachtenbummler im Saal stehen nur ganze zwei Stuhlreihen zur Verfügung, leider. In der ersten sitzen unsere Herzallerliebsten, die Räuberbräute, auch Helene in ihrem Pepitakostüm, die Wangen fiebrig gerötet. In der zweiten Reihe entdecke ich eine regelrechte Galerie von Stemmeisengesichtern, alte Bekannte aus der ruhmreichen Abteilung IX, nur Oberleutnant Hoffmann glänzt durch Abwesenheit. Vielleicht, denke ich bei mir, sind Prozesse für sie, was für Fußballfans die Heimspiele des SC Lokomotive Leipzig sind. Die Öffentlichkeit ist zahlreich erschienen und drängt sich vor dem Eingang, um den Prozeß gegen den »Rat der Spötter« live mitzuerleben, hat aber »wegen Überfüllung« keinen Zutritt.

Das Gericht erscheint. Wir erheben uns. Vorsitzender: Oberrichter Grass, Direktor des Bezirksgerichts und Teilnehmer an der Staatsratstagung über den neuen Rechtspflegeerlaß, Schöffen: ein Ingenieur und ein Redakteur der *Leipziger*

Volkszeitung, Staatsanwälte: Holzmüller und Dr. Fräbel. Alle tragen sie schmucke Einreiher aus dem Textil-Kombinat Cottbus, das Stück zu hundertdreißig Mark, eigentlich schade, daß sie nicht diese rabenfarbenen Talare tragen, die in Spielfilmen des kapitalistischen Auslands immer so gut kommen.

Der Vorsitzende erteilt Staatsanwalt Holzmüller das Wort, und dieser läßt in seiner Anklage nichts aus. Durch schneidende Schärfe seiner Ausführungen, durch Mienenspiel und Körpersprache drückt er seinen grenzenlosen Abscheu gegen die sechs Elemente aus, die im Auftrag der westdeutschen Militaristen die gesellschaftlichen Verhältnisse der DDR gewaltsam ändern wollten. Überrascht, ratlos, bedeppert recken wir die Hälse und fangen allmählich an, uns von den Hoffnungen zu verabschieden, denen wir uns noch wenige Minuten vor dem Prozeß hingegeben haben.

Als der Ankläger endlich zum Ende kommt, ist es höchste Zeit für die Frühstückspause. Wir ziehen um, und zwar in den großen Verhandlungssaal des Bezirksgerichts. Hier nun sitzen alle bequem. Auch für die Öffentlichkeit gäbe es reichlich Plätze, die aber leider frei bleiben, weil die Öffentlichkeit sich inzwischen verkrümelt hat.

Nach der Pause vernimmt der Vorsitzende die Angeklagten zur Person. Heinz-Martins Vater ist Arzt gewesen, Angehöriger der medizinischen Intelligenz. Ich bin Bauernkind; meine Eltern waren Landarbeiter und sind seit dem sozialistischen Frühling auf dem Lande Genossenschaftsbauern. Gomorrha ist Arbeiterkind, seine Mutter gehört einer sozialistischen Brigade an. Auch Rolfs und Albas Eltern sind Werktätige, Schnaftes Vater dagegen gehört als Betriebsleiter zur technischen Intelligenz.

Bis über die Mittagspause hinaus stochert das Hohe Gericht in unseren Lebensläufen herum. Herschel gesteht, daß er im Westberliner Jazzkeller *Badewanne* verkehrte, und fügt auf Nachfragen hinzu, daß er Prostituierte dort nicht getroffen habe.

Oberrichter Grass: »War dieses Lokal ein Agententreff?«

Angeklagter Herschel: »Auch Agenten habe ich nicht getroffen.«

Ausführlich geht der Vorsitzende auf die Lese-, Hör- und Sehgewohnheiten der Angeklagten ein. Sodann macht geltend, daß er Abonnent des Zentralorgans *Neues Deutschland* sei oder gewesen sei, Radio habe er selten gehört, und wenn, dann immer bloß den Sender Leipzig. Albani wohnte, obwohl Leser des *Neuen Deutschland*, in Westberlin kabarettistischen Hetzveranstaltungen bei. Rechtsanwalt Dr. Ulbricht kompensiert diesen Widerspruch, indem er zum Beweis für Albanis gesellschaftliche Aktivität eine dicke Mappe voller Urkunden präsentiert: Abzeichen für gutes Wissen, Mehrkampfabzeichen der GST, Fahrtenschwimmerzeugnis des DTSB.

Ich gebe zum wiederholten Male zu, daß ich im Nordwestdeutschen Rundfunk ein plattdeutsches Hörspiel von Anfang bis Ende gehört habe, und zwar im Gemeinschaftsempfang mit meinen Eltern. Benecke hörte, obwohl er nicht nur Kabarettist, sondern auch Musiker war, überhaupt keine Westsender, nicht einmal die »Schlager der Woche«. Seidel bestreitet, daß er Radio Luxemburg gehört habe. Herschel sah im Westfernsehen zweimal den »Internationalen Frühschoppen« mit fünf Journalisten aus sechs Ländern und Werner Höfer als Gastgeber. Geschickt schwächt Rolf das Geständnis ab: »Ich tat es aber nur einmal mit Vorsatz!«

Dann geht es zur Sache. Grass hält mir vor, ich hätte die sozialistische Presse wegen der langatmigen Referate und Beschlüsse, die stets in vollem Wortlaut abgedruckt würden, als »wenig fesselnd« bezeichnet. Sodann hält er vor, ihm als Kabarettleiter wäre es immer nur wichtig gewesen, »daß das Publikum lacht!« Albani streitet ab, daß der »Rat der Spötter« die Maßeinheiten »Ulb« und »Chrustsch« erfunden hätte, diese seien alte Kamellen und an der Universität seit langem gang und gäbe. Ich bekenne, den Begriff »Feindwitze« eingeführt zu haben, Benecke schiebt pauschal alles auf die »Blödelatmosphäre« im Kabarett.

Herschel gesteht, daß er Walter Ulbricht den Großen WU genannt habe. Der Vorsitzende hält Albani vor, er habe Walter Ulbricht einen Diktator genannt. Alba leugnet das. Auch Schnafte hat Walter Ulbricht niemals als Diktator bezeichnet. »So was«, erklärt er, »hätte Sodann gar nicht durchgehen lassen.«

Herschel: »Sodann sagte zu mir: ›Jeder, der es wagt, Walter Ulbricht nachzuäffen, kriegt von mir eine Ohrfeige!‹«

Allmählich kommt im Gerichtssaal ansatzweise das auf, was HaEm als Blödelatmosphäre bezeichnet hat.

Peter Seidel: »Die politischen Witze, die erzählt wurden, stammten aus der *Leipziger Volkszeitung*, die waren astrein!« Er selbst, versichert Schnafte, habe überhaupt keine Feindwitze erzählt, niemals, keinen einzigen! »Aber weil ich den Eindruck hatte, daß mir der Vernehmer nicht glaubt, hab ich zugegeben, welche erzählt zu haben ...«

Alle Angeklagten versuchen ernst zu bleiben. Offenbar bin ich derjenige, dem das am schechtesten gelingt.

Der Richter fährt mich an: »Angeklagter! Lachen Sie nicht!«

»Ich lache nicht!«

»Nein, nun nicht mehr, aber Sie haben gelacht!«

Strafend blickt mein Rechtsanwalt mich an. Unsere Lieben im Publikum schütteln mißbilligend die Häupter. Die verdammte Wiedersehensfreude macht uns leichtsinnig auf unserer Anklagebank. Per Blickkontakt verpflichten wir uns gegenseitig, die Rollen der reuigen Sünder von nun an überzeugend zu spielen.

Wie der Zufall es will, jährt sich haargenau am zweiten Prozeßtag unsere Fahrt im blauen Bus nach Marburg an der Lahn. Damals hatten wir noch freie Fahrt durch den Eisernen Vorhang. Damals brachten wir unser Urvertrauen zu Rechtsprechern und Rechtspflegern noch durch das Absingen staatsnaher Weisen gehaltvoll zum Ausdruck: »Im Leben konnte ich nur einem einz'gen Freund vertrau'n, das war der Henker von Hillybilly-Town ...«

Der zweite Prozeßtag beginnt um 7 Uhr 30 mit Warenmangel und Mangelwaren. Der Vorsitzende weist mir nach, ich hätte darüber geschimpft, daß es nicht genug Butter gäbe. Sodann gibt zu Protokoll, er habe niemals über Versorgungsschwierigkeiten geschimpft. »Ich war so fanatisch«, ruft er, »daß ich keine Butter aß, damit wenigstens die Meckerer genug haben!«

Dann steht der sagenhafte »Henker des Sozialismus« im Raum. »Das war bloß Spinnerei«, erklärt Sodann. »Wir stellten uns vor, daß jemand mit einem Auto durch die Gegend fährt und verkündet: Wer den Plan nicht erfüllt, wird aufgehängt!«

Staatsanwalt Holzmüller: »Das war also nur Spinnerei? Was Sie nicht sagen, Angeklagter Sodann! War es nicht vielmehr so, daß Sie und auch der Angeklagte Herschel mehrfach behaupteten: ›Es bumst sowieso bald, aber nach oben!‹ War das auch nur Spinnerei?«

Sodann: »Ja, genau.«

Der Vorsitzende befragt Rolf Herschel zu dieser Angelegenheit. Rolf beharrt darauf, er habe nie öffentlich gesagt: »Es bumst sowieso bald.« Das waren, beteuert er, »nur so meine Gedanken, die ich aber nicht aussprach. Ich stellte mir darunter vor, daß die Bevölkerung eines Tages nicht mehr mitmacht und auf die Straße geht.«

Holzmüllers Gestalt strafft sich, und ich kann mir vorstellen, wie erschöpfend Oberleutnant Hoffmann diese prächtige Einlassung ausgebeutet hätte. Der Vorsitzende aber verhandelt unaufgeregt und salomonisch weiter. Er wendet sich dem Gutachten zu und zitiert Textzeilen des Programmfinales, über die das Ermittlergespann Hoffmann & Wällnitz uns monatelang bis aufs Blut vernommen hat: »Es geht nur dann bei uns voran, legt ihr dem Hund den Maulkorb an … Wer«, fragt Grass, »ist mit dem Hund gemeint? Wem soll der Maulkorb angelegt werden?«

»Mit Maulkorbanlegen«, sage ich, »meinten wir das Bändigen des westdeutschen Militarismus.«

Staatsanwalt Holzmüller verzieht skeptisch das Gesicht.

»Jawohl«, bekräftigt Sodann, »am Schluß des Programms steht ein Gedicht gegen den Militarismus.«

Wir sind auf Bewährungskurs! Und dabei soll es bleiben. Unisono räumen wir ein, daß unser Programm vielleicht wohl doch objektiv hetzerisch sein müsse, weil es, wie Albani zugibt, in keiner Weise dazu beitrage, »die Gesellschaftsordnung der DDR zu festigen«. Ausgerechnet Walter Ulbricht, dem Staatsratsvorsitzenden, den wir als Tyrannen, Diktator und Großen WU verunglimpften, dessen klangvolle sächsische Sprechweise wir »in übelster Weise« nachahmten, verdanken wir einen weisen, großzügigen Rechtspflegeerlaß, der unsere vor kurzem noch hoffnungslose Lage so entscheidend verbessert hat, daß uns schon die allernächste Zukunft in rosigem Licht erscheint.

Einer nach dem anderen marschieren die Zeugen auf, darunter ein Freund Herschels, der diesen fortgesetzt mit Zeitschriften wie *Spiegel, Time* und *Life* versorgt hat. Wir möchten mit den Zeugen nicht tauschen. Gegen die eigenen Freunde zeugen – nee! Dann schon lieber Angeklagter. Wir fühlen uns, wenn auch immer bloß für ein paar Minuten, wie Zuschauer auf der Tribüne eines Sportstadions.

Der Gernot läuft ein, Zeuge Gernot P. Er weiß, was Richter hören wollen: »Sodann sah nur Fehler, er sah nur schwarz. Ich hasse die Funktionäre, sagte er, ich könnte sie alle umbringen!«

Überraschend erscheint auch Franz R., der noch vor wenigen Tagen dem Bezirksgericht in einem Brief mitgeteilt hat, daß es ihm leider nicht möglich sei, seiner Zeugenpflicht nachzukommnen. »Ich bin erkrankt, Bettruhe ist vom Betriebsarzt angeordnet.«

Nun aber ist er doch anwesend und möchte den Jungs auf der Angeklagebank am liebsten nur Gutes nachreden, nichts als Gutes; wenn's nach ihm ginge – Freispruch, auf der Stelle! Der Vorsitzende hält ihm seine eigenen schriftlichen Zeugenaussagen vor, und was einst in der Abgeschiedenheit der konspirativen Wohnung so einleuchtend klang, hört sich nun, im Gerichtssaal, vor den Kumpels von einst, mißtönend an und so fremd, daß der Zeuge sich gar nicht vorstellen kann, so was jemals gesagt zu haben. Ganz so wie dies oder jenes von Unterleutnant Kirmse protokolliert worden ist, würde Franz R. es heute nicht mehr sagen wollen. Falsch: »Sodann hat mich immer verhöhnt, wenn ich im *Spötterkeller* das *Neue Deutschland* studierte.« Richtig: »Daß Sodann mich verhöhnt hat, weil ich das *Neue Deutschland* las, kann ich nicht sagen.«

Zeuge Oskar S. hat den humanitären Grundgedanken des Staatsratserlasses nicht kapiert. Er ahnt nicht und kann sich auch nicht vorstellen, daß das Hohe Gericht den Angeklagten Seidel demnächst mit einem Bewährungsurteil entlassen möchte. Seidel, klagt er, wäre ihm gegenüber immer sehr schnodderig aufgetreten; er habe ihn, den Zeugen Oskar S., als Spitzel betrachtet und das marxistisch-leninistische Grundstudium vernachlässigt und Redefreiheit um jeden Preis angestrebt und außerdem darüber hinaus ...

Noch Anfang Mai hätte der Vorsitzende diesem Zeugen geduldig gelauscht, unter den neuen, veränderten Bedingungen sieht er sich gezwungen, mit dem Zaunpfahl zu winken: »Gibt es denn, Herr Zeuge, über den Angeklagten Seidel gar nichts Positives zu berichten?« Oskar S. blickt vom Vorsitzenden zu Seidel hinüber und von diesem zur Saaldecke. Er ist von der Prinzipienlosigkeit dieses Richters irritiert. Wie könnte ihm, einem guten Genossen, zu einem Staatsfeind wie Seidel irgendwas Positives einfallen! Nach reiflicher Überlegung verneint er. Nein, Positives falle ihm nicht ein.

Heilige Einfalt! So was Begriffsstutziges wie diesen Zeugen hat Richter Grass überhaupt noch nicht erlebt. Im Ton einer strengen Rüge erinnert er ihn an das vorbildliche Verhalten des Angeklagten Seidel beim Eisenbahnunglück, das dem Dekan der Journalistenfakultät eine schriftliche Belobigung wert gewesen sei. Zerknirscht verläßt Genosse Oskar S. den Zeugenstand, er versteht die sozialistische Welt nicht mehr. So hat uns auch der zweite Prozeßtag seine kleinen Freuden bereitet.

Am dritten Tag nachmittags die Plädoyers.

Staatsanwalt Holzmüller sieht seine Anklage durch die Hauptverhandlung glänzend bestätigt: »Sodann trat als Anarchist auf. Röhl fiel den Menschen in den Rücken, die ihm so große Entwicklungschancen boten. Auf Albani wirkte ein schlechter Einfluß ein. Herschel ist ein schwankender Individualist, Halbintellektueller und ehemaliger Grenzgänger ... Sie«, schmettert Holzmüller in den Saal, »betrieben ebenso wie Benecke und Seidel fortgesetzt staatsgefährdende Hetze untereinander, um sich in ihrer feindlichen Einstellung zu bestärken. So verletzten sie objektiv, ich wiederhole: objektiv, den Paragraphen 19 Absatz 1 Ziffer 2 Strafrechtsergänzungsgesetz.« Er beantragt Bewährungsstrafen für Sodann und die fünf anderen, für den Rädelsführer die höchste: ein Jahr und zehn Monate, für Albani und mich die geringste: ein Jahr.

Eine Orgie der Milde. Von den Rechtsanwälten in ihren Plädoyers kaum zu unterbieten! Anwalt Dr. Kirchberg bittet für seinen Mandanten Benecke, »den jüngsten der Täter«, gemäß Antrag zu entscheiden. Dr. Erdmann fällt zu Herschel ein, daß dieser ein Opfer seines Freundeskreises geworden sei. Dr. Nikolai nimmt für Seidel in Anspruch, dieser sei ein Satiriker. Auf breiter Schleimspur schmeißt mein Rechtsanwalt sich ran an den Staatsanwalt; Schröder ist wunschlos glücklich und bejubelt den Strafantrag als »richtig«, als »Freispruch« gar. Anwalt Dr. Ulbricht betont, Sodann und Albani seien durchaus keine Feinde der DDR, sondern begeisterungsfähige junge Menschen, wenngleich undiszipliniert, der subjektive Tatbestand des Paragraphen 19 sei aus seiner Sicht nicht erfüllt.

Staatsanwalt Holzmüller bittet ums Wort zu einer notwendigen Klarstellung. Mit großer Geste führt er die Hand zum Herzen. »Nie«, beteuert er, »niemals hat die Staatsanwaltschaft behauptet, die Angeklagten hätten konterrevolutionäre Ziele verfolgt!«

Das hätten Oberleutnant Hoffmann und Parteisekretär Handel nicht schöner sagen können.

Schade nur, daß diese beiden unsere letzten Worte nicht hören, mit denen wir den Prozeß abrunden. Gewiß hätten sie uns tränenreich um Verzeihung dafür gebeten, daß sie zugunsten der »guten Sache« so schlecht von uns denken mußten. Die Haftentlassung fest im Blick, versichern wir, daß uns die angekündigte Strafe eine ernste Mahnung sein werde. »Ich muß die Schlappheit in mir besiegen«, fügt Schnafte hinzu. Rolf trägt besonders dick auf. »Der Antrag des Staatsanwalts«, schwärmt er, »ist echt humanistisch.«

Der Vorsitzende stutzt. Er wendet den Blick einem der beiden Schöffen zu, dem, der sich als Kulturredakteur vermutlich auskennt in Satire. Oberrichter Grass macht einen belesenen Eindruck. Möglicherweise überlegt er, ob Herschels letzte Bemerkung ein Zitat aus einem lustigen Buch des hintersinnigen Dichters Jaroslav Hašek sein könnte …

Es ist schon 19 Uhr 15. Grass schließt den dritten Verhandlungstag. Urteilsverkündung Freitag, 7 Uhr 30.

Die Genossen der SED-Bezirksleitung wissen schon vorher, wie die Urteile ausfallen werden, sie haben sie ja selbst festgesetzt. Die Staatsanwaltschaft berichtet trotzdem. Der angestrebte Erziehungsprozeß, formuliert Holzmüller, sei »aufgrund der guten Vorbereitung durch den Senat und die Staatsanwälte« erreicht worden, es sei zu erwarten, daß die Verurteilten aus dem Strafverfahren die richtigen Lehren zögen.

Anmerkungen zum Sitzungsverlauf: »Entsprechend der Konzeption wurde öffentlich verhandelt. Zuhörer waren in der Hauptsache Angehörige der Angeklagten und Mitarbeiter staatlicher Organe. Obwohl in den Tagen und Wochen vor der Hauptverhandlung häufig Anfragen durch interessierte Kreise wegen der Teilnahme erfolgten, hat es bei der Auswahl der Zuhörer keine Schwierigkeiten gegeben. Auch während des Prozeßverlaufs traten in dieser Hinsicht keine Komplikationen auf.«

Wenn die Linie gegeben ist, dann, so die altbewährte Maxime, entscheidet die Organisation alles.

Für die Untersuchungsabteilung des Ministeriums für Staatssicherheit verfaßt Unterleutnant Wällnitz den Prozeßbericht: »Am ersten Tag wurde in einem kleinen Sitzungssaal verhandelt. Die räumliche Enge wirkte sich ungünstig aus; die Angeklagten versuchten bereits bei der Vernehmung zur Person, die Ermittlungsresultate zu bagatellisieren. Infolge der konsequenten Verhandlungsführung gaben sie dieses Verhalten auf. Bei der Feststellung des Sachverhalts versuchten sie, ihre Aussagen abzuschwächen, vor allem Sodann wollte sich mehrfach zum Sprecher der Angeklagten machen, was ihm aber nicht gelang. Am zweiten Verhandlungstag zeigten sich die Angeklagten einsichtiger.«

Wällnitz erweist sich als kritischer Beobachter aller Prozeßbeteiligten. »Der Zeuge Ronneburger«, schreibt er, »sagte von sich selbst heraus nicht konkret genug aus.« Herschels Rechtsanwalt Erdmann kriegt ebenfalls sein Fett ab: »Zur Sache selbst bezog er keine Stellung, weil er durch eigenes Verschulden keinen Einblick in die Akten genommen hatte.« Hohn und Häme ergießt Wällnitz speziell über meinen Anwalt: »Rechtsanwalt Schröder spielte den zweiten Staatsanwalt, indem er ausführte, daß der Tatbestand des Paragraphen 19 ganz klar erfüllt sei! Ansonsten erging er sich in blumenreichen Ausführungen darüber, daß der Antrag des Staatsanwalts einem Freispruch seines Mandanten gleichkäme.«

Sogar vor kritischen Worten an die Adresse seiner Abteilung IX und damit vor Selbstkritik schreckt Claus Wällnitz nicht zurück: »Die im Ermittlungsverfahren getroffenen Feststellungen über die Persönlichkeit der Angeklagten wiesen erhebliche Lücken, Schwächen und Fehler auf. Entlastendes Material ist nicht untersucht worden!«

Offenbar sind wir ihm in all den Monaten doch ein wenig ans Herz gewachsen. Wie das Hohe Gericht scheint auch er sich darüber zu freuen, daß wir wider Erwarten doch keine Konterrevolutionäre seien: »Die bedingte Verurteilung begründete der Senat damit, daß die Angeklagten zwar im Begriff gewesen wären, zu Feinden unserer Gesellschaftsordnung zu werden, Feinde aber noch nicht sind! Ihre Hetze blieb auf ihren kleinen Kreis beschränkt, das Hetzprogramm gelangte nicht zur Aufführung.«

Hoch klingt das Lied von der sozialistischen Gesetzlichkeit! Wer nichts ausgefressen hat, muß nichts befürchten. Klar, bestraft werden muß er, selbstverständlich, aber nur mit einem Jahr Gefängnis, im Höchstfall ein Jahr und zehn Monate.

Der Donnerstag scheint viel länger zu sein als die zweihundertzweiundsechzig endlosen Tage vorher. Warten auf ein Urteil, das festzustehen scheint. Hoffentlich kommt kein neuer Rechtspflegeerlaß dazwischen, durch den sich die Lage ein weiteres Mal ändern könnte, diesmal in die falsche Richtung!

Debbe hat es aufgegeben, meine Zelle zu überwachen. Er macht sich am Spion nicht mehr zu schaffen. Ich bin für ihn uninteressant geworden. Schon am Vormittag, wenn »Sitzen« vorgeschrieben ist, strecke ich mich auf meiner Pritsche aus. Gestern hätte dieses unbotmäßige Verhalten bei der Aufsicht noch zu einem Wutausbruch geführt: »Benn' Se nich!« Wie eine Filmleinwand starre ich die hellgraue Zellendecke an und versuche mir das Gesicht meines kleinen Sohns vorzustellen. Seine Mutter behauptet, er wäre mir ähnlich. Wie aber sehe ich aus? Mein Gesicht kenne ich nur fratzenhaft verzerrt aus dem Rasierspiegel. Unnütze Gedanken. Ich sollte an Schöneres denken. An die Natur zum Beispiel! Es ist Frühling, wenn auch vorerst nur nach dem Kalender; draußen ruft wahrscheinlich der Kuckuck, der Spargel schießt, die Maikäfer sind schon wieder verduftet ...

In der Nacht zum Freitag schlafe ich gar nicht erst ein, und morgens geht es hurtig wie noch nie: Aufstehn, Bettmachen, Waschen, Zähneputzen, Zivilklamottenfassen, Frühstück, Einrücken in den Verhandlungssaal. Das Urteil ist nicht gemildert worden. Aber auch nicht verschärft! Gütig wie ein Weihnachtsmann lächelt Staatsanwalt Holzmüller. Der Vorsitzende dagegen läßt Bescherungsstimmung nicht aufkommen. Im Namen des Volkes verkündet er das Urteil, hebt die Haftbefehle auf und verfügt in allen sechs Fällen Entlassung aus der Haft. Das dauert nicht länger als bis acht Uhr, dann fliegen wir raus.

Hastig können wir gerade noch ein Treffen verabreden. Auf dem Leuschner-Platz, draußen vor dem Tor, werden wir aufeinander warten und zu sechst ein goldenes Freiheitspils zischen. Oder auch zwei, drei.

Dann hocke ich – wie einst im Mai – verlassen auf meiner ehemaligen Pritsche.

Keiner kommt.

Wieder stockt die Zeit.

Es muß fast Mittag sein, als der Läufer mich bei einem Unteroffizier in der Effektenkammer abliefert. Zum Abschied legt er zwei Finger ans Käppi.

»Na, denn ...«, sag ich.

Der Läufer fällt mir ins Wort: »Sagen Sie ganz einfach tschüß, das reicht!«

Ich erhalte mein Bargeld zurück: 26 Mark 27. Ein schriftliches Urteil gibt es nicht, auch kein Exemplar der Anklageschrift. Nur einen Entlassungsschein, den ich bei der Volkspolizei eintauschen darf gegen meinen Personalausweis. Das Wichtigste, was der Mensch besitzt, ist der Personalausweis. Meine Uhr ist schon vor Monaten stehengeblieben. Ich ziehe sie auf. Der Unteroffizier sagt mir die genaue Zeit.

»Na, denn ...«

Dem Posten am großen grauen Tor, in die eine kleine graue Tür eingearbeitet ist, weise ich meinen Entlassungsschein vor. Dies ist nun also der große Augenblick. Ein einziger Schritt durch die Tür, aber was für einer.

Der Leuschnerplatz liegt in der prallen Sonne. Die Heckenrosen blühn. So süß haben sie nie zuvor geduftet.

Wo sind die andern?

Keiner zu sehn.

Ich vertrete mir ein bißchen die Füße, drei Schritte hin, drei Schritte her.

Keiner da. Keiner kommt. Dann fällt mir ein: Sie schmeißen ihre Entlassungskandidaten vermutlich einzeln raus, und zwar in größeren Abständen, um staatsfeindlichen Zusammenrottungen vorzubeugen. Damit die Werktätigen keinen falschen Eindruck von der »Wächterburg« kriegen!

Achtlos latschen die Werktätigen an mir vorüber.

Ein paar Kinder spielen Hopse. Kunststück, wer auf freiem Fuße ist, kann leicht große Sprünge machen. Es hat keinen Zweck zu warten, ich muß ja auch zum Bahnhof …

Als Sodann ausgewildert wird, ist es mittags zwölf Uhr. High Noon.

Er wartet geduldig, vertritt sich ein bißchen die Füße, drei Schritte hin, drei Schritte her.

Keiner kommt.

Ein Rädelsführer allein.

Wieder mal typisch.

10
Das Vergangene

sagt der amerikanische Schriftsteller William Faulkner, sei nicht tot, es sei nicht einmal vergangen. Wochen nach meiner Entlassung aus der Haft treibt mich die Neugier in unseren *Spötterkeller* am Nikolaikirchhof. Die Studentenbühne nutzt ihn als Spielstätte und führt hier gelegentlich ihre kämpferische Revue »Buch und Gewehr« auf. Die Wände sind frisch geweißt, den Götterfries von Rolf Herschel haben fleißige Hände in einem Bildersturm restlos abgemeißelt.

Welch ein Mißverständnis!

Auch damals ist Kabarett gewesen, was es heute immer noch ist: ein Einverständnisritual Gleichgesinnter, die zu größeren Aktionen zu feige sind und sich daher mit dem Lachen als Ersatzhandlung begnügen. Der Kabarettist, den eine allmächtig sich dünkende Staatsmacht ins Gefängnis wirft, hat Schwein gehabt; er darf sich als geadelt betrachten. Wenn ich richtig rechne, ist der »Rat der Spötter«, nach der Anzahl der Haftmonate beurteilt, das erfolgreichste Nachkriegskabarett in Deutschland.

Ein Kabarettist, dem soviel Gutes widerfährt, macht keinen Fehler, wenn er versucht, sich als Indianer zu fühlen. Der Indianer kennt keinen Schmerz. Er geht ans Ufer des Flusses und wartet geduldig auf den Tag, an dem die Leichen seiner Feinde vorübertreiben.

Die Zukunft liegt vor mir wie ein versiegelter Brief. Ich weiß nicht recht, wie es weitergehen soll, und suche mir zunächst eine sägensreiche Tätigkeit als Holzarbeiter bei Eisenach. Sie wird nur mäßig bezahlt, findet zum Ausgleich aber an der frischen Luft statt. Meine Frau darf ein Jahr nach der Exmatrikulation das Medizinstudium in Leipzig fortsetzen. Dorthin folge ich ihr und arbeite als Korrektor einer Druckerei in Leipzig-Stötteritz. Leider spüre ich nur herzlich wenige der Fehler auf, von denen die Druckfahnen nur so wimmeln. Ich bin der Raffinesse des Druckfehlerteufels einfach nicht gewachsen und flüchte resigniert aus der Beschaulichkeit meiner Korrektormansarde in die glutheiße Graugießerei des Leipziger Eisen- und Stahlwerks. Hier verdiene ich im Schweiße meines Angesichts als Auspacker den Lebensunterhalt für meine dreiköpfige Familie.

Zugleich bewerbe ich mich unverdrossen um eine Wiederanstellung als Journalist. Dies führt schließlich zum Erfolg, und ich darf als zweiter von zwei Redakteuren bei einer kleinen Wochenzeitung arbeiten. Trotz ihres vielversprechenden Namens *Zerbster Neueste Nachrichten* enthält sie weder Neues noch ernstzunehmende Nachrichten, allein der Erscheinungsort rechtfertigt den Zeitungskopf in bescheidenem Maße.

Nebenher schreibe ich satirische Texte, die die Zeitschrift *Eulenspiegel* druckt, und trete eines Tages sogar in die Redaktion ein, und zwar für dreißig lange Jahre. Mein Ehrgeiz, bei einer sozialistischen Tageszeitung anzufangen, ist und bleibt so schwach entwickelt wie der Ehrgeiz sozialistischer Tageszeitungen, einen wie mich einzustellen.

Der *Eulenspiegel*, ein satirisches Wochenblatt, erfreut sich einer Riesenauflage von 500000 Exemplaren, und diese halbe Million ist sogar noch ein Limit. Mehr, heißt es, dürfe nicht gedruckt werden, mehr Papier gebe es nicht und erst recht nicht mehr Druckereikapazität; ohne Begrenzung, so mein Argwohn, droht außerdem die Gefahr, daß die Auflagenzahl des Witzblatts die des SED-Zentralorgans übersteigt.

Der *Eulenspiegel* ist bei der Leserschaft beliebt. Er enthält nicht nur Witze, die das Leben reißt, sondern stellt auch mittels satirischer Zuspitzung, Verzerrung, Übertreibung und maßvoller Schmähung die Verhältnisse entschieden realistischer dar als die Jubelpresse. Ein satirisches Zerrbild entspricht zu allen Zeiten der Wirklichkeit mehr als vorgebliche Objektivität.

Heinz-Martin Benecke, einst gleichfalls Journalistikstudent, erlernt nach der Haftentlassung den Beruf eines Maschinensetzers und bewirbt sich bald an der Theaterhochschule. Nach dem Studium gehört er als Schauspieler für fünfzehn Jahre dem Ensemble des Leipziger Theaters an, wo er große und mittlere Rollen spielt und zunehmend seine Neigung und Begabung zur Musik auslebt. Er schreibt die Libretti zu zwei erfolgreichen Musicals, wird ein produktiver Songschreiber und startet eine mit dem »Bronzenen Lorbeer des Chansons« gekrönte Karriere als Liedermacher. Seit Gründung des Radiosenders MDR Kultur ist Heinz-Martin als Sprecher und Moderator im Hörfunk tätig.

Und das Radio spielt Schicksal auch in Manfred Albanis Leben. Mit dem Journalismus allerdings läßt Alba sich nicht wieder ein. Nach einem kurzen Gastspiel als Farbmischer in einer Beleuchtungsglasfirma bei Dresden startet er bei Stern-Radio in Berlin seine Laufbahn zum Wirtschaftskapitän. Als Materialversorger fängt er ganz bescheiden an, aber dann! Dann ist er nacheinander Produktionsdirektor, Direktor für Ökonomie und schließlich Betriebsleiter. Es folgt das Jahr 1990. Es folgt die Treuhand. Es folgen gesundschrumpfende Betriebsoptimierung, Personalreduktion, Personalabbau und Personalentsorgung. Der Stern von Stern-Radio sinkt, stürzt ab und verglüht. Zwar ist Alba zu Treuhandzeiten noch tätig als amtierender Geschäftsführer, doch bald schon wird es sehr einsam beim einst größten Radiohersteller der DDR. Manfred Albani geht als letzter und macht, wie es sich für den letzten gehört, das Licht aus.

Peter Seidel findet eine Stelle als Hilfsdreher an einer Revolver(!)drehbank, ruht und rastet aber nicht, bis er die Facharbeiterprüfung bestanden hat. Dieser Triumph der Qualifizierung bedeutet durchaus keinen veränderten Berufswunsch. Nach einem Intermezzo als Dramaturg und Werbeleiter beim Dresdener Kabarett »Herkuleskeule« darf er sein Studium an der Fakultät für Journalistik fortsetzen und vollenden. Großmütig verzeiht die Staatsmacht auch ihm, daß sie ihn Jahre zuvor verfolgt und gemaßregelt hat. Er erwirbt das Journalisten-Diplom, arbeitet als Werbetexter und Werberegisseur in Leipzig, und eines Tages begegnet ihm auf der Straße ein gramgebeugter, hochgewachsener Mann, der ihm bekannt vorkommt. Jawohl, er ist es tatsächlich – Staatsanwalt Holzmüller, und von dieser historischen Begegnung erzählt Peter Seidel noch heute gern.

Viel freundlicher als vor den Schranken des Gerichts redet Holzmüller ihn an: »Wie geht's Ihnen denn so, Herr Seidel?«

»Ausgezeichnet!« flunkert Schnafte. »Und selbst, Herr Staatsanwalt?«

Holzmüller: »Ach, mir geht's schlecht, Herr Seidel ...«

»Nanu!«

»Ich bin aus dem Justizdienst entlassen worden ...«

»Na so was! Warum denn das?«

»Sie wissen ja selbst, wie streng die Bräuche sind: Mein Sohn ist abgehauen in die BRD ...«

So setzt das Leben seine Pointen.

Rolf Herschel kann als freischaffender Grafiker im Juni 1962 dort weitermachen, wo er im September 1961 aufhören mußte. Seine Auftraggeber sind ihm treu geblieben. Er gestaltet für das »Kombinat Papier und Pappe« auf der Leipziger Messe komplette Messestände. Er liefert für die Markkleeberger Landwirtschaftsmesse AGRA Prospekte und Sichtwerbung. Er zeichnet für Kabaretts Plakate und Programmhefte. Kurz, er ist gut im Geschäft. Das gilt für die Jahre nach der Wiederverzweinigung nicht mehr. Wie so viele andere Betriebe wird auch sein Hauptauftraggeber »VE Kombinat Papier und Pappe« zügig abgewickelt. Rolf sieht sich in seiner Existenz bedroht und nimmt sich das Leben.

Rädelsführer Peter Sodann, heute ein vielbeschäftigter Mann, hat es in den Wochen nach der Haftentlassung nicht nur schwer, Arbeit in seinem erlernten Werkzeugmacherberuf zu finden, er hat es überhaupt schwer, Arbeit zu finden. Sobald er Kaderleitern anvertraut, er habe – politisch! – gesessen, ist die Stelle, die eben noch so schön vakant war, plötzlich doch schon besetzt, leider. Schließlich darf er sich bewähren als Dreher in der sozialistischen Brigade eines Leipziger Großbetriebs für Starkstromanlagenbau.

»Bist du der aus dem Knast?« fragt Parteisekretär Otto Kneschke. Sodann nickt. »Ein falsches Wort, und du kriegst eine aufs Maul!« Otto merkt bald, daß Peter arbeiten will und arbeiten kann und daß mit der Haft und mit dem Urteil irgendwas nicht stimmt. Es dauert nicht lange, und die beiden sind Freunde. Otto Kneschke merkt auch: Der Mann gehört nicht an die Drehbank, sondern auf die Bühne. Er sorgt dafür, daß Sodann zur Theaterhochschule delegiert wird, um endlich sein Studium abzuschließen.

Sein erstes Engagement ist gleich ein Paukenschlag – Helene Weigel holt ihn ans Berliner Ensemble. Über die Stationen Erfurt, Karl-Marx-Stadt und Magdeburg kommt er Anfang der achtziger Jahre als Schauspieldirektor nach Halle, ans *Theater des Friedens*, das damals eher ein Theater des Unfriedens ist. Die große Oper dominiert, das Schauspiel läuft gleichsam als fünftes Rad am Wagen mit. Sodann sieht nicht lange tatenlos zu. Was du nicht tust, das tut für dich kein anderer – so lautet seine Maxime.

Er entdeckt das baufällige Kino der Deutsch-Sowjetischen Freundschaft in den ehemaligen Kaisersälen, die schon im fernen Jahre 1912 baupolizeilich gesperrt worden sind. In dieser Ruine sieht er als einziger, was heutzutage jeder sieht: das künftige *neue theater*, mehr noch: die Kulturinsel Halle. Mit seiner Vision und mit der Schippe vornweg gelingt es ihm, das gesamte Schauspielerensemble mitzureißen. Mich wundert noch heute, daß ihm der Titel »Held der Arbeit« erspart geblieben ist.

Übrigens, die Schlapphüte der Staatssicherheit haben ihn stets und ständig im Visier. Fürsorglich wird Sodann, der einzige parteilose Theaterintendant der DDR, von wachsamen Spitzeln Tag und Nacht betreut. Die Sicherheitsorgane versuchen sogar, ihn selbst anzuheuern; sie haben auch schon einen passenden Namen für ihn: IM Schaufler.

Diese Art Aufmerksamkeit entmutigt ihn nicht. Mit Christoph Heins Stück »Ritter der Tafelrunde« präsentiert Regisseur und Hauptdarsteller Sodann im Herbst 1989 den selbsternannten Siegern der Geschichte die Rechnung. Der nicht enden wollende Applaus im Großen Saal des *neuen theaters* und die Gänsehaut, von der kein Zuschauer verschont bleibt, zeigen den Hallensern, daß die Deutsche Problematische Republik unmittelbar vor der Pleite steht.

Erst jetzt, im neuen Jahrtausend, vollendet der Visionär Sodann nach einer Bauzeit von zwei Jahrzehnten sein ehrgeiziges Projekt Kulturinsel Halle. Längst ist er unter dem Namen Ehrlicher ein populärer Tatortkommissar im Fernsehen und sogar Ehrenkommissar der sächsischen Polizei, was für den Humor der deutschen Geschichte spricht.

Karl-Eugen Ruckhäberle, unser Kurzzeitpianist, wird Medizinprofessor und ist in der sogenannten Wendezeit stellvertretender Direktor der Gynäkologischen Universitätsklinik in Leipzig. Infolge der deutschen Vereinigung ist seine Stelle plötzlich so heiß begehrt und so stürmisch umkämpft, daß er demokratisch zurückgetreten wird, immerhin aber – Glückwunsch! – in einem Bundesland seiner Wahl eine Praxis eröffnen darf.

In der Kleinkunst, wie beschrieben, endet KaE Ruckhäberles Karriere schon nach wenigen Tagen mit einer politisch mißglückten Generalprobe. Dieses Motiv vom gescheiterten Mann am Klavier inspiriert Christoph Hein zu seiner Erzählung »Der Tangospieler«. Die DEFA verfilmt den Stoff 1989. Peter Sodann spielt im Film einen Stasioffizier. Er spielt ihn mit größter Sachkunde, die er seinen Begegnungen mit Hoffmann & Genossen im Leipziger Gefängnis verdankt.

So geht das Leben seinen Gang.

Oder auch nicht.

Peter Lorenz, unser Techniker beim »Rat der Spötter«, der dem GI Siegmar anvertraut hat, er sei fest entschlosssen, per Schlauchboot nach Schweden zu flüchten, findet bei der Ausführung dieses Plans den Tod.

So.

Das wärs.

Oder ... vielleicht noch dies:

Mitte der sechziger Jahre wird die Gewißheit übermächtig, daß Leipzig ein so richtig kesses Studentenkabarett schmerzlich fehle. Um den Phantomschmerz zu lindern, ermutigen die politischen Verantwortungsträger der Universität, darunter der wachsame Gernot, Studienanfänger mit Komikertalent zur Gründung eines Kabaretts, das den Namen »Akademixer« erhält.

Die Lücke ist geschlossen.

Ein Glücksgefühl für den Gernot.

Was ist die Zerstörung eines Kabaretts gegen die Gründung eines Kabaretts!

Danksagung

Ich danke Cornelia Böhnstedt, Freiburg, sowie den Mitarbeitern des Sächsischen Staatsarchivs, des Universitätsarchivs Leipzig und der Außenstelle Leipzig der Bundesbeauftragten für die Unterlagen der DDR-Staatssicherheit für Hilfe und Unterstützung bei den Recherchen für dieses Buch.